朝日新書
Asahi Shinsho 775

政治部不信

権力とメディアの関係を問い直す

南　彰

朝日新聞出版

はじめに

2020年6月18日、安倍晋三首相に近い河井克行・前法相と妻の案里参院議員が、前年の参院選をめぐり公職選挙法違反（買収）の容疑で東京地検に逮捕された。河井夫妻の地元・広島を拠点にする中国新聞はこの日、安倍首相に尋ねた。

「河井克行、案里夫妻は当初会見で『説明責任を果たす』と約束しましたが、結局は果たされず逮捕となりました。これを総理はどう考えますか。その説明責任は総理自身にも問われています。総裁を務める自民党の本部から河井夫妻に1億5千万円の資金が渡り、その一部が買収の原資になったと検察当局は見ています。自民党の会計は、税金からの政党交付金と自民党員の党費から成り立ちます。党総裁として納税者・党員に使途を明かす説明責任がありませんか。それがおろそかになっていることから、自民党員の間には『もう党費を払わない』『党員を辞める』という声も増えています。党総裁として説明せず、放置し続けていい問題ですか。そもそも（同じ選挙区で公認した自民党候補と）10倍もの選挙資金の格差は党幹事長の一存では決められないと、（安倍政権で自民党幹事長を務めた）石破茂氏は証言しています。総理ご自身が幹事長時代に10倍もの格差を付けたことがありますか。この点についても説明責任を果たすべきではないですか」

しかし、テレビやネットで中継されたこの日の首相記者会見で、この中国新聞の質疑はなかった。多くの記者の手が挙がるなか、官邸が「外交日程」を理由に会見を打ち切った後、書面で受け付けたものだった。

逮捕の当日にもかかわらず、記者会見場で河井前法相夫妻の事件に関する質問は幹事社以外からは出なかった（書面質問では中国新聞のほか、朝日新聞、ジャパンタイムズ、日刊ゲンダイが質問）。かわりに、衆院の解散・総選挙や「意中」のポスト安倍候補、残りの総裁任期が1年あまりになった心境などの質問が続き、安倍首相から笑みがこぼれる場面もあった。

首相記者会見の問題に表れる日本のメディアの体質を厳しく問いかけてきた元NHK記

者で「インファクト」編集長の立岩陽一郎氏は6月20日、深い失望を記事に綴った。

〈朝日新聞の政治部記者として官邸を取材した経験を持つ南委員長は、総理会見を「儀式」と呼んで批判した。そしてまともな記者会見の開催を求めた。私も総理会見を「演説会」と呼んで批判してきた。しかし6月18日の会見にいたっては、そういうレベルでもなかった。これは単なる「総理の慰労会」でしかなかったからだ。

この記者会見は官邸記者クラブが主催している。その運営に大きな発言力を持つのは常駐組だ。繰り返しになるが、権力は情報を統制しようとする。それに抗って、事実を国民に知らせるのがメディアの役割だが、官邸記者クラブ常駐組は記者会見を「官邸記者クラブ主催の総理慰労会」にすることで、その役割を放棄している。それは、情報統制の「共犯者」と言うほかにない〉

（Yahooニュース「総理会見を『総理慰労会』にした官邸記者クラブの常駐組～それは既に情報統制の共犯者だ」）

◇

これほど気が重たく、執筆が進まない本はなかった。

政治部は、筆者にとって大阪社会部との兼務の時期を含めて10年間在籍した職場である。

そこには、不都合な記録を破棄・改ざんする長期政権と対峙《たいじ》しながら、読者・視聴者に情報を届けようと日夜駆け回っている仲間たちがいる。

しかし、一生懸命働いているのに、厳しい視線が注がれている。

なぜ、疑惑の渦中にいる首相を各社の記者が囲んで会食するのか。

なぜ、まともに質問に答えない政治家を、力を合わせて追及しないのか。

なぜ、フリーランスが質問制限をされても、声を上げないのか。

そうした不信の声はSNS上にあふれ、社会部記者（司法担当）と検察幹部との賭け麻雀が発覚した時も、「政治記者のモラルは壊れている」とつぶやかれた。首相や官房長官など政治家の記者会見がネット配信されるなど、世間の注目を集めやすい「政治部」に対する不信は、メディア不信の象徴とされ、一種の社会現象にもなっている。

とりわけ、新型コロナウイルス禍以降、これまでの取材慣行が厳しく問われ、全国の記者も危機感を持っている。このため、「政治部」を否定しているのではなく、今の世の中の現象を受け止めたうえで、市民が抱えている率直な疑問に応え、どう前に進んでいくかを考える必要があるのではないかと思った。

前著『報道事変』では、権力側の変質により「質問できない国」になっている取材現場の内側を描き、嘘や強弁がまかり通る政治の現状に警鐘を鳴らした。本著では、メディア側の問題を通じて、これからの権力とメディアの関係を考察する。男性中心の社会において、ジェンダーバランスが欠如したメディアと権力が共犯関係に陥っていく「ボーイズクラブ」の問題についても詳述した。

各章の終わりのコラムでは、私が進行役を務めたネット番組「Choose Life Project」で現役の記者やメディア関係者が語った提言を盛り込んだ。メディアが民主主義社会を守っていく一つの砦《とりで》として、市民の信頼を獲得するにはどうしたらいいのか。一緒に考えていきたい。

政治部不信

権力とメディアの関係を問い直す

目次

写真　朝日新聞社

第1章

〝台本営〟発表

プロンプター

記者会見の名前を借りた「朗読会」だった。

2020年2月29日。新型コロナウイルスの猛威が世界各国に広がるなか、突如《とつじょ》、小・中・高等学校などの全国一斉休校を宣言した安倍晋三首相が記者会見を行った。大型クルーズ船ダイヤモンド・プリンセス号での集団感染対応に国際的な批判が高まるなか、1月の国内での感染確認後初めての記者会見だった。

「これから1、2週間が、急速な拡大に進むか、終息できるかの瀬戸際となる。こうした専門家の皆さんの意見を踏まえれば、今からの2週間程度、国内の感染拡大を防止するため、あらゆる手を尽くすべきである。そのように判断いたしました」

全国一斉休校は政府の専門家会議のメンバーでも議論されていなかったものだ。政府が2月25日に示した感染拡大防止を目指す基本方針では、学校の臨時休校について「適切な実施に関して都道府県などから要請する」。全国的なスポーツ・文化イベントの2週間自粛を求めた翌26日の会議でも、安倍首相自身が「イベント等の開催について現時点で全国一律の自粛要請を行うものではない」と話していた。ところが突如、27日の政府対策会議

記者会見する安倍晋三首相＝2020年２月29日、首相官邸

で「全国すべての小学校、中学校、高等学校、特別支援学校について、来週3月2日から春休みまで、臨時休業を行うよう要請します」と安倍首相が打ち出したため、現場が混乱していた。

安倍首相は、左右のプロンプター（原稿映写機）を見ながら、「2700億円を超える今年度予備費を活用し、緊急対応策を今後10日程度のうちに速やかに取りまとめます」などと19分間にわたって冒頭発言を続けた。

「全国の小学校、中学校、高校などへの臨時休校の要請についてお伺いいたします。総理は27日に突然、発表しましたけれども、その日のうちに政府からの詳しい説明はありませんでした。学校や家庭などに大きな混乱を招きました。まず、説明が遅れたことについて、どうお考えになるかについてお伺いします。それから、今回の要請については与党内からも批判が出ています。国民生活や経済への影響、そして感染をどこまで抑えることができるかなどについて、どのような見通しを持っているのか、教えてください」

2月の官邸記者クラブの幹事社を務める朝日新聞のキャップがぶつけた質問は、冒頭から批判が込められていた。

しかし、首相は手元の原稿を読み上げながら、「判断に時間をかけているいとまはなかったわけでございます。責任ある立場として判断をしなければならなかったということで、どうかご理解を頂きたいと思います」と釈明。しかし、「これに伴う様々な課題に対しては、私の責任において、万全の対応を行ってまいります。今がまさに感染拡大のスピードを抑制するために極めて重要な時期であります。国内の感染拡大を防止するための、あらゆる手を尽くしたい。尽くしていく考えであります」と自身の思いを述べるだけで、具体的な答えはなかった。

その後、テレビ朝日、NHK、読売新聞、AP通信の質問に対しても、ずっと原稿を読み上げる答弁が続く。マスク不足については、「3月は月6億枚以上、供給を確保します。

例年の需要を十分に上回る供給を確保できますので、国民の皆様には、どうか冷静な購買活動をお願いをしたいと思います」。医療従事者も含めて、1人あたり週に1枚程度だ。全国一斉休校やイベント自粛要請に伴う支援策の具体的な中身や先行きは語られなかった。

「オリンピック・パラリンピックを控えているところでございますが、IOCからは、日本の迅速《じんそく》な対応について評価を得ているところであります。バッハ会長も、2020年東京大会が成功するよう全力を注ぐと発言をしておられます。我々は、この状況をなるべく早期に克服をし、アスリートの皆さん、観客の皆さんが安心して臨める、安全な大会、そのための準備をしっかりと進めていきたいと考えています」

開始から35分。安倍首相が東京五輪に向けた意気込みを述べると、司会の長谷川栄一・内閣広報官が「予定しておりました時間を経過いたしましたので、以上をもちまして、記者会見を終わらせていただきます。皆様、ご協力どうもありがとうございました」と宣言した。

「まだ質問があります」

フリーランスの女性から声が上がった。

「ちょっと予定していた時間をだいぶ過ぎておりますので、今回はこれで結ばせていただきます」

想定問答を手にして、戸惑った表情を浮かべた安倍首相も「はい、どうもありがとうございました」と小声でつぶやき、「最初の質問にも、まだちゃんと答えられていません」という女性の声が飛ぶなか、会見場を後にする。中継していたNHKの画面が切り替わり、岩田明子解説委員のスタジオ解説が始まった。安倍首相も約30分後には東京・富ケ谷の私邸に戻った。

首相官邸が記者会見後にアップしたこの日の様子の動画の先頭にある1枚の静止画の中心に映っているのは、2台のプロンプター。安倍首相はその左脇に立ち、記者がそれを見上げるような構図になっている。この日の記者会見の「主役」を忠実に映し出していた。

暴露された事前調整

「まだ質問があります」と訴えたのは、フリーランスの江川紹子氏だった。

自宅に戻ってからも釈然としなかった江川氏が「安倍首相の記者会見、一生懸命『まだ聞きたいことがあります』と訴えたけど、事前に指名されて質問も提出していたらしい大手メディアの記者に対して、用意されていた原稿読んで終わりでした」とツイートすると、瞬く間に拡散した。江川氏によると、20時間以内に280万人以上が見たという。

ほかのジャーナリストからも、首相会見のあり方への異論が出た。キャスターの長野智子氏はツイッターでこうつぶやいた。

「発言内容はともかく、私が出席したトランプ大統領の会見では『時間の限りいくらでもどうぞ』と何度も対立してきたCNN記者含め丁々《ちょうちょう》発止《はっし》質疑応答している。日本の現状ひどすぎる」

週明けの3月2日。新型コロナウイルス対策がテーマになった参院予算委員会で、立憲民主党の蓮舫氏が「何も答えていない会見だった」と追及を始めた。

蓮舫氏　確認するんですが、最後に記者との質疑をやり取りされたときに、総理は答弁原稿を読んでおられるように見えたんですが、これは事前に記者クラブの幹事社を通じて質問内容を確認しているんですか。

安倍首相　まず、幹事社の方が質問をされますので、その場合、詳細な答えができるように通告をいただいているところもございます。また、外国プレスの場合は幾つかの可能性を示していただくこともあるわけでございますが、必ずしもそれに限られるものではないと、このように認識をしております。

蓮舫氏 じゃ、フリーランスの記者からの通告も受けていますか。

安倍首相 それは、例えば、総理の記者会見においては、これは恐らく取りまとめを広報室で行っておりますので、私も承知は、詳細については今ここでお答えすることはできないことでございます。

蓮舫氏 ジャーナリストの江川紹子さんが、『まだ質問があります』と挙手をしました。なぜ答えなかったんですか。

安倍首相 これは、あらかじめ記者クラブと広報室側である程度の打ち合わせをしているというふうに聞いているところでございますが、時間の関係で、時間の関係でですね、打ち切らせていただいたと、こういうことでございます。

打ち切りの連帯責任を記者クラブ側にも負わせる答弁だった。委員会室でのヤジが大きくなった。蓮舫氏が「その後何か重要な公務がありましたか？」と問う。安倍首相は後ろを振り向き、2列後ろに座っている首相秘書官から何かささやかれた後、答弁に立った。

安倍首相　その後も打ち合わせを行ったところでございますが、しかし、基本的にいつもそのような形で総理会見というのは行われていたものと、このように承知をしております。

蓮舫氏　いや、36分間の会見を終わって、その後すぐ帰宅しています。そんなに急いで帰りたかったんですか。

安倍首相　いつもこの総理会見においてはある程度のこのやり取り、やり取りについてあらかじめ質問をいただいているところでございますが、その中で、誰にこのお答えをさせていただくかということについては司会を務める広報官の方で責任を持って対応しているところであります。

安倍首相はこの後、「質問のこの通告をあらかじめいただいているのは、幹事社の方々からはいただいておりますが、それ以外の方々からはいただいていないということでございました」と打ち消そうとしたが、後の祭りだった。2月29日の記者会見で、質疑中も終始、原稿を読み続けていた首相の様子をみていた市民は、その背後にある記者側との事前調整、台本の存在を感じ取ったのである。

そして、官邸記者クラブに所属する全国紙記者が配信したネット記事が火に油を注いだ。「首相が国会で答弁した通り、冒頭2問の幹事社質問は『問取り』する。加えて官邸報道室がほかのキャップにも質問したいテーマや内容を聞いて回るのが通例だ」と明らかにしたうえで、「『事前通告＝出来レース』というのは早合点だ。通告した質問は質疑の基礎となるに過ぎない。納得いく回答が得られなければ繰り返し問いただすし、最初の質問への回答のパターンを予測した上で通告なしの『二の矢』を準備しておくことも重要だ」と主張したのだ。

クラブメディアの記者からも批判が上がった。アメリカのホワイトハウスで記者会見に参加してきた朝日新聞の尾形聡彦《としひこ》記者もその一人で、ツイッターで問題点を指摘した。

〈これは明らかな出来レースで、癒着です。世界的に見ても記者倫理を逸脱した恥ずべき行為です。そもそも公の会見の質問を事前に教え、会見ではあたかも初めて聞くように演技していること自体が読者・視聴者を騙《だま》す裏切り行為です〉

尾形記者は「台本が決まっているのなら、今後は『メール会見』として文書のやり取りを公表すれば足りると思います」と強烈な皮肉をぶつけた。

署名開始

官邸記者クラブは2020年5月12日現在、国内の新聞・通信・テレビなどの「正会員」が101社348人、12カ国の海外メディアなどの「オブザーバー会員」が82社174人。日本最大級の記者クラブである。朝日、毎日、読売、日経、産経、東京（中日）、北海道、西日本、京都、中国の各新聞社、ジャパンタイムズ、共同通信、時事通信、NHK、日本テレビ、TBS、フジテレビ、テレビ朝日、テレビ東京の19社が交代で記者クラブ運営の幹事業務を担い、「常勤幹事社」と呼ばれている。

1994年2月、税率7%の「国民福祉税」構想を発表した細川護熙首相（当時）の記者会見では、税率の根拠を問う質疑のなかで、細川氏が「腰だめの数字」と返答。反発を浴び、直後に撤回に追い込まれた。一方で、森喜朗首相（当時）が「神の国」発言の釈明会見を行った2000年5月には、NHK所属とみられる記者が首相側近に会見対策の「指南書」を作っていたことが発覚して問題になったこともある。

安倍首相の記者会見をめぐっては、これまでも台本の存在が指摘されてきた。２０１５年９月、国連総会に出席した後にニューヨークで行った記者会見でのことだ。ネットメディア「アイ・アジア編集部（現・インファクト）」は15年10月5日付で、「米記者から『出来レース』批判された安倍首相国連会見」として、次のように報じている。

〈安倍首相が想定通りの答えを行った後、今度は米公共放送ＮＰＲの記者が質問に立った。記者は最初、「普天間飛行場移設問題について、現状では日本政府と沖縄県との対立があるが、日本政府と沖縄県のどちらが責任をもって対処する問題なのか。妥協策を含む、政府の今後の対応は？」と質問。これは予《あらかじ》め、予定されていた質問だ。それに対して安倍首相が準備された答弁をし、広報官が予定されていたテレビ朝日の記者に振ろうとした時、ＮＰＲの記者が続けざまに、（辺野古）移転後に環境汚染が起こらないと保証できるのかと畳みかけた。想定外の質問に、安倍総理は明確な返答が出来ず、その後、テレビ朝日の記者の質問は行われずに会見は中止となった。納得がいかない外国メディアの記者たちと対照的に、日本人記者たちは、広報官に挨拶をするなどして足早に会見場を立ち去ったという〉

アイ・アジア編集部が関係者から入手したメモは、今もネット上に公開されている。事前の質問と記者が書かれており、NHKなど国内メディアの記者はそのまま質問していた。ロイターの記者は事前に伝えたアベノミクスに加えて、「シリアの難民については、日本は新しいお金をイラクにも出すとのことだが、日本が難民を受け入れるという可能性についてはどう考えるか」と尋ねたため、安倍首相は「人口問題として申し上げれば、移民を受け入れるより前にやるべきことがある」と脱線しかけながらも、「難民を生み出す土壌そのものを変えていくために、日本としては貢献をしていきたいと考えております」となんとか取り繕《つくろ》っていた。

２０２０年2月29日の記者会見に戻る。

私のもとにも、「この記者会見のあり方は何とかならないのか」という意見がメディアの内外から次々と寄せられていた。前年、新聞労連などメディア関連労組の集まりである「日本マスコミ文化情報労組会議」が、菅義偉官房長官の記者会見での質問制限問題をめぐり、官邸前で抗議行動を行ったり、「政府への『疑問』を率直に質問できる記者会見に戻してください！」と題したネット署名を展開したりしたからだ。

首相記者会見の問題の所在は、官邸だけではない。身内のメディアにもあった。

「どこからお願いしていくかなぁ……」

考えを巡らせていたとき、「4刷発行決定！」という情報がスマホの画面に流れてきた。前年秋に発覚した「桜を見る会」の疑惑に迫る新聞社の取材班が執筆した本だ。帯には「安倍官邸vsマスコミ　その時記者たちが動いた！」と書かれていた。

この取材班には私も協力し、現在の政治取材の問題点と変革の必要性についてコメントしていた。「世論の叱咤《しった》激励を受けて記者たちの間にも新しい動きが生まれている。2020年も、私たちはしつこく追い続ける」と訴える姿勢には賛同していた。

「まずはこの本気度を聞いてみよう」と思い、取材班の責任者でもある編集幹部にあてて、メッセージを送った。

「今こそ、この本に書かれた『記者vs安倍官邸』を真に実現する改革が必要だと思います。私もこの本には、社の枠を超え、政治部記者としての保身もせず、協力しました。本気で実現する仕掛けをつくりませんか」

呼びかけは、この取材班の取り組みに期待していた上西充子《みつこ》・法政大教授にも同送した。

上西教授は国会審議の動画を街頭上映し、論点ずらし、はぐらかしといった不誠実な答弁を「可視化」する「国会パブリックビューイング」に取り組み、その代表を務めている。

上西教授からはすぐさま「日本記者クラブでの十分に時間を取った記者会見の実施を求める署名活動なんかはすぐにもできるかと思いますが」という連絡が来たので、さっそく上西教授らと相談。「日本マスコミ文化情報労組会議」と「国会パブリックビューイング」の連名で「change.org」を活用したネット署名を行うことを固めたうえで、翌日には、この編集幹部と意見交換した。

署名の呼びかけ文には、「早期に日本記者クラブを活用して、再質問も行える十分な質疑時間を確保し、雑誌やネットメディア、フリージャーナリストも含めた質問権を保障した首相記者会見を行うよう求めます」としたうえで、「政府と同時に、内閣記者会（官邸記者クラブ）に所属している報道機関にも要請します」と求めていた。

編集幹部は趣旨に理解を示しながら、「ただ、うちだけがやるといっても、いろいろな考え方の社がいる官邸記者クラブが動くわけではないという意見もある」と慎重に言葉を選んでいる。私は次のように協力を求めた。

「私も（新聞労連に出向するまで）政治部にいたので、この7年あまりのなかで固まっていった状況がそう簡単に変わるわけではないことはわかります。ただ、簡単に変えることができない状況のなかで、いま現場の人間が市民からの批判を浴びながら苦しんでいます。官邸記者クラブのなかにいろいろな考え方のメディアがあることはわかるが、この署名に乗る形で、まずはそれぞれの会社がどう考えているかを表明してほしい」

報道機関幹部を促す一方、水面下で賛同人集めを始めた。各界で活躍するメンバーから1日で続々とメールが寄せられ、3月5日午後4時15分に署名を開始するまでに65人。報道機関幹部では、沖縄タイムスと琉球新報の両編集局長が名前を連ねてくれた。

フリーランスの畠山理仁《みちよし》氏からのメールは印象深かった。

「日本記者クラブでの会見が実現したとしても、会員ではない私のようなフリーランスの記者は参加できません。私はこれまでフリーランスの立場から各省庁の記者会見などの場で各記者クラブに協力を求めてきましたが、記者クラブ会員社の一部の方々には煮え湯を飲まされることもありました。その経験から、いろいろと思うところはあります。ただし、記者側が質疑応答を仕切る記者会見、今よりも少しでもましな記者会見、公益のための記者会見の実現に賛同します」

畠山氏は、記者会見のオープン化に取り組んできたフリーランスで、2010年に『記者会見ゲリラ戦記』を出している。そこには、民主党政権時代に進んだ記者会見のオープン化のなかで、記者クラブに抵抗された実態が描かれている。

畠山氏に送った感謝のメールにこう添えた。

「今回の事態は、畠山さんたちのご指摘を受けながら、メディアが自分自身の改革を怠ってきたつけだと痛感しています。いろいろな思いを乗り越えて連帯してくれることに感謝し、しっかり変化につなげていきたいと思います」

福島からの疑問

署名開始3日目の3月7日。安倍首相が東京電力福島第一原発事故から9年を前に、福島県を視察した。

1週間後に全線で運行再開するJR常磐線の試運転列車に乗った後、常磐自動車道の常磐双葉インターチェンジの開通式に出席。浪江町にある東京オリンピックの聖火の燃料にも使用される世界最大規模の水素エネルギー製造施設を視察した後、午前11時19分から首相への記者団のぶら下がり取材が始まった。

「東日本大震災からまもなく9年となるなか、震災や原発事故の影響で避難生活を余儀なくされている方は先月の時点で4万7千人にのぼっています。節目となる10年を前に、これまでの政府の復興政策について、どのように総括されますか。また、新型コロナウイルスの感染症が拡大するなか、東日本大震災の追悼式など各種行事など相次いで取りやめとなっています。こうした社会や経済への影響をどうみますか」

東京から首相の視察に同行し、「マイク持ち」と呼ばれる代表の記者が、福島の復興と新型コロナ対応をセットにして尋ねた。安倍首相は、JR常磐線の全線開通や町全体で避難が続いていた双葉町での一部避難指示解除などをあげて復興の進捗《しんちょく》をアピール。新型コロナ対策について、「来週中に緊急対応策第2弾を取りまとめます。そして国民生活、また国民経済への影響を最大限緩和するためにあらゆる対策を講じていく考えであります」と4分以上、一方的に話した。

「終わります！」

間髪入れず、官邸スタッフが声を上げ、安倍首相が流れるように立ち去ろうとした。

その時である。

「すみません！　地元福島の記者なんですけど質問させていただけませんでしょうか、1問だけ」

スーツ姿の同行記者に交じって、まるでカメラ助手のように控えていたアウトドア服姿の記者から声が飛んだ。

安倍首相は怪訝《けげん》そうな表情を浮かべながらも、「はい、はい、はい」と言いながら、2、3歩戻ってきた。

「安倍首相は、オリンピック誘致の際に第一原発は『アンダーコントロールだ』という風におっしゃいました。今でもアンダーコントロールだとお考えでしょうか?」

「あのまさに、そうした発信をさせて頂きました。まあいろんな報道がございました。間違った報道もあった。その中で正確な発信を致しました。そしてその上において、オリンピックの誘致が決まったものと思います」

安倍首相はこう言うと、今度は足早に立ち去った。

「アンダーコントロール」とは、安倍首相が2013年9月のIOC総会で東京五輪誘致のプレゼンをした際の発言だ。

〝Some may have concerns about Fukushima. Let me assure you. The situation is under control.〟(福島について懸念を持っている方もあるかもしれない。私は皆さんにお約束します。状況は制御されています)

しかし、福島第一原発では放射性物質に汚染された水が地面や海に漏れ、汚染水を貯《た》めていたタンクから約300トンが漏れていた事故まで明らかになり、原子力規制委員会から「レベル3(重大な異常事象)」と認定されたばかりだった。安倍首相の発言には、「今の状態はコントロールできていないと考えている」(山下和彦フェロー=当時)と東電内からも異論が出たほどで、菅官房長官も「全部の水をストップするということではない」と認めるなど、正確性が問題になった。

なにより、汚染水そのものは、対策の「切り札」とされた凍土壁《とうどへき》の完成後も十分にコントロールできず、処理後も放射性物質のトリチウムが残る水を保管するタンクの容量が限界に近づいていた。海洋放出するかどうかの判断が迫られていた。

朝日新聞社と福島放送が20年2月に実施した福島県の有権者を対象にした世論調査では、汚染水問題に対する国や東電の対応を57%が「評価しない」と答え、処理水の海洋放出には57%が「反対」。海洋放出による風評被害の不安は、「大いに」と「ある程度」を合わせて89%が「感じる」。海洋放出には賛成と答えた人でも、79%が風評被害の不安を「感じる」と答えている。

翌月から政府による意見聴取会が始まろうとしているなか、地元で取材を続けている記者が率直な疑問をぶつけた質問だった。

排除されていた地元記者

この質疑の場はどのように設定されていたのか。

安倍首相に質問をぶつけた朝日新聞南相馬支局の三浦英之記者は、ツイッターで状況を説明した。

〈広報担当者に聞くと、参加できるのは東京から随行してくる官邸（記者クラブの）記者だけで、地元の記者は参加できないのだという。安倍首相が視察に来るのは東京ではなく福島だ。浪江町は私の持ち場だ。ここには原発事故以来9年間、原発被災地の日常を見続けてきた記者がいる。現地を最も良く知る記者が現地を視察に来る為政者に質問するのは当然だと思ったが、広報に聞いてもぶら下がりの時間も場所も教えてくれない〉

地元記者は、首相への質問機会から排除されていたのである。他の記者によると、福島復興局作成の3月5日付の「記者取材要領」には、この安倍首相への取材は「声かけ」と表現され、「取材不可」と書かれていた。2012年末の第2次安倍政権発足以来、安倍首相は東日本大震災の被災地である岩手・宮城・福島に計43回訪問しているが、これまでも東京（官邸記者クラブ）からの同行記者に限定し、地元記者の質問機会を設けていないとみられる。さらに、首相官邸のホームページに掲載された質疑の動画とテキストからも、地元の三浦記者が質問した部分はカットされていた。官邸の意に沿わない記者の質問は削り、「間違った報道もあった」とメディアに責任転嫁する安倍首相の発言だけに編集されたのだ。

三浦記者が「アンダーコントロール」発言について問いただしたのは、福島で取材をするなかで、「復興五輪があるから」「原発はアンダーコントロールだと首相が言ったから」と復旧や原発をめぐる現場では五輪に影響を与えるような言動がしにくい環境があり、『アンダーコントロール』という言葉が今も亡霊のように漂っている」と感じていたからだ。

三浦記者と安倍首相のやりとりに反応したのは、TBS系列の「テレビユー福島」で、この日デスクとしてニュース制作にあたっていた木田修作記者だった。予定調和の1問目のやりとりでニュースを配信したTBSに対し、三浦記者の質疑の部分をつかったローカルニュースを流した。

木田記者はTBSの元政治部記者として、民主党政権時代には首相の被災地視察に同行取材したこともある。「そのころは、2～3問はあったと思う」と振り返りながら、ウェブサービスの「ｎｏｔｅ（ノート）」にこう綴《つづ》った。

〈安倍総理の招致の際の「汚染水はアンダーコントロール」という発言に、疑問を持つ県民は少なくない。五輪招致のために、福島がダシにされたと感じている人もいる。あの発言の現状認識は、県民に伝えるべき発言だった。何より、地元記者からの質問であった。県民を代表した質問であるとすれば、それがどの社であれ、私は連帯し、応えなければならないと思った。ここのところ、厳しい質問をする記者が、白い目で見られるような風潮にも抗《あらが》いたい気持ちもあった。そもそも、あのぶらさがりに2問目が存在しなかったことも不思議であった〉

（ニュースが少しスキになるノート　ｆｒｏｍ　ＴＢＳ「首相とメディア　被災地・福島の地元記者は」）

三浦記者はツイッターでこう提案した。

〈私がこのツイートで求めたいのは2点。首相や政府要人が地方を視察する際、可能な限り地域や地元の記者が参加できる「記者会見」を設定して欲しい。時間の制約があるのはわかる。でも毎回開かれる「ぶら下がり」には地元を、できればフリーも、参加させて欲しい。そして日夜、組織の中で必死に闘う東京政治部の若手記者たちへ。国民の多くがみんなの活躍を応援している。組織や利権でがんじがらめになりながらも、是非頑張って欲しい。勇気を持って会見者に嫌がられる質問をして欲しい。言葉と言葉の真剣勝負。それが記者会見だと私は信じる〉

そして、17通の連続ツイートをこう結んだ。

「最後に為政者に一言。私たち記者は決してあなたたちの『アンダーコントロール』ではない」

記者たちの反撃

新型コロナウイルス感染症に関して「緊急事態宣言」を発出できるようにする特別措置法の改正法が国会で成立した翌日の3月14日。この日は、新聞労連が全国の若手記者を集めた記者研修会が開かれていた。

「記者会見が急遽《きゅうきょ》入ったので、午後5時になったらちょっと抜けます。今回は官邸側がかなり広範囲に事前の対策をしている様子なので……」

研修会運営の中心メンバーである日比野敏陽《としあき》・元新聞労連委員長はそう言い残していった。現在、京都新聞の東京編集部長・編集委員を務めている。厳しい批判をあびた2月29日の記者会見から2週間。福島でのぶら下がりでさらに批判が厳しくなるなか、新型コロナに関する2回目の首相記者会見を前に、官邸側が幅広く事前の質問取りを行っている様子がうかがえた。

「十分な時間を確保したオープンな首相記者会見」を求めるネット署名は、1週間で賛同が3万人を超えていた。12日に第1弾（2万8185人分）の署名簿を官邸に提出。官邸記者クラブの常勤幹事社である19社には郵送し、主要な報道機関が加盟する「日本記者クラブ」にも署名簿を持参して協力を要請していた。提出した1300ページ以上のずしりと重い署名簿は、現在の首相記者会見に対する国民・市民の不信・不満を強く反映した結果だった。

13日夕の会見設定以降、官邸記者クラブの幹事社（3月は共同通信と東京新聞）は官邸報道室に対し、十分な時間をとって実施し、より多くの質問に答えるよう要望していた。しかし、官邸側は「20分程度の予定」と主張。14日午後6時に始まった安倍首相の記者会見は、またもやプロンプターの朗読会の様相だった。

「いかなる困難も力を合わせれば必ずや克服することができる。打ち勝つことができる。私はそう確信しています。私からは以上であります」

左右のプロンプターが下がると、21分間が経過していた。

幹事社（東京新聞、共同通信）、毎日新聞、ウォール・ストリート・ジャーナル、政治ジャーナリストの安積明子氏、北海道新聞、日本テレビ、フジテレビ――。安倍首相が答弁原稿に目を通す会見の雰囲気が一変したのが、NHKの中継が終わった後の午後6時44分ごろだ。

「以上をもちまして、記者会見を終わらせていただきます」

長谷川広報官が宣言すると、怒濤《どとう》のように記者席から抗議の声が上がった。

「仕込んでない質問にも答えてください！」

「終わっちゃ駄目ですよ！」

官邸記者クラブの記者からフリーランスまで、幅広い記者たちが迫っていた。

「すみません、ちょっと予定が来ておりますので、終わらせていただきます」

長谷川広報官が押し切ろうとしたが、前から3列目に座っていた記者の言葉が安倍首相に突き刺さった。

「総理、これ会見と呼べますか」

福島訪問の帰路で駆けつけた沖縄タイムスの阿部岳《たかし》編集委員だ。ネット署名にもいち早く賛同し、周囲にも呼びかけてくれた一人だ。安倍首相は立ち尽くし、苦笑いを浮かべた。

「すみません、では、最後に1問だけお答えいただきます」

長谷川広報官が引き取り、「仕込んでない質問にも答えてください！」と迫った日比野記者が指名された。

「雇用対策で、雇用労働者に対してと、フリーランスに対しての補償が、フリーランスの人は半分です。こういったことについて非常に疑問が出ておりますが、これについてはどのようにお考えですか」

　学校の一斉休校の影響で仕事を休まざるをえないフリーランスに対して、政府が打ち出した緊急対応策は「一律日額4100円」。企業に雇われている人を対象にした助成金の上限日額8330円のほぼ半額で、関係団体が2日前に記者会見をし、「親と子どもを守るという意味なら、雇用も非雇用（フリーランス）も変わらないはずだ。なぜ半分なのか」などと訴えていたからだ。

　安倍首相の答弁が終わると、長谷川広報官が「どうもありがとうございました」と再び打ち切ろうとしたが、「すみません。まだあります」と手が挙がった。

「すみません。ちょっと」

「いや、まあ、いいんじゃない」

　終了しようとする長谷川広報官に安倍首相が促すと、「まだあります！」と訴えていた朝日新聞の東岡徹・官邸記者クラブキャップが指名された。

「緊急事態宣言ですけれども、これは私権の制限につながる以上、総理や政権に対する信頼というのが非常に重要になってくると思います。しかし、黒川（弘務《ひろむ》）検事長の定年延

会見で質問するために挙手をする記者と安倍晋三首相＝2020年３月14日、首相官邸

長問題では国民の知らないうちに解釈が変更されていました。しかも、それが口頭決裁という手続きでした。国会の答弁も虚偽でした。こうしたことから、今、政権への信頼が非常に失われている状況ではないかと思っています。その信頼を回復するためにも、黒川検事長の定年延長の閣議決定を取り消す、あるいは口頭決裁で解釈を変更したことを撤回する。こうしたことは考えておられませんでしょうか」

安倍首相も秘書官から事前に受け取っていた答弁書のファイルは意味がなくなったと悟り、それを閉じて、自分の言葉で語り始めた。次々と質問の手が挙がる状況に戸惑った長谷川広報官が「それでは、すみません、全員指したいのですけれども、あれですから、あと2問にさせてもらいますから」と言って、ニコニコ動画とインターネット報道メディアIWJの岩上安身《やすみ》氏を指名。2人が質問を終え、会見は52分で終わった。

朝日新聞は翌日の朝刊で、読者に首相記者会見に臨む姿勢を説明した。

〈13日午後7時半ごろには朝日新聞官邸取材キャップの携帯電話に報道室から電話があり、「各社にどんな質問をするか聞いている」として質問内容を尋ねられた。キャップは答えず、質問が尽きるまで会見を行い、フリーの記者も含めて、公平に当てるよう求めた〉

官邸の巻き返し

首相記者会見のあり方に注目が集まるなか、日本記者クラブは3月17日の企画委員会で、安倍首相に記者会見を申し入れる方針を決めた。

東京・日比谷にある「日本記者クラブ」は1969年、日本新聞協会、日本放送協会（NHK）、日本民間放送連盟の会長3人が設立発起人となり、全国の新聞、通信、放送各社に呼びかけて創設された日本で唯一の「ナショナル・プレスクラブ」だ。かつて日本にはプレスが共有する報道・取材の拠点がなく、外国の賓客は日本外国人特派員協会（FCCJ）で記者会見に応じていた。来日する外国の大統領や首相、閣僚の記者会見を日本の報道界が自分たちの手で開きたい、と考えたのがクラブ創設の原動力だった。

全国の主要な新聞社、テレビ局、通信社、外国メディアが法人会員として加盟し、記者OBなどの個人会員を含めると、約190社、2300人の会費で運営されている。企画委員会は、各社の幹部・ベテラン記者が30人ほど集まり、日本記者クラブで実施する記者会見の予定を議論していく場だ。

日本記者クラブも、安倍首相には手を焼いていた。国政選挙の際に行われる党首討論会には参加するが、それ以外の記者会見の要請には2013年4月以降、応じていないからだ。毎年1回のペースで要請していたが、日本記者クラブの「創立50周年記念パーティー」への安倍首相の出席、あいさつ（19年11月）にすりかわるなど、実現していなかった。首相記者会見のあり方自体に対する関心の高まりが、報道機関の幹部クラスを動かした。

日本記者クラブの方針決定を受けて、日本マスコミ文化情報労組会議と国会パブリックビューイングは翌18日に記者会見。共同声明「市民の疑問を解消する 首相への質問機会を取り戻そう」を発表した。

〈日本記者クラブは3月17日の企画委員会で安倍首相に会見要請することを決めました。安倍首相は早期にこの要請に応じて下さい。そして、日本記者クラブも質疑者を会員に限定せず、オープンな記者会見として実現するよう求めます〉

「質疑者を会員に限定せず」という部分は、3月12日にネット署名の賛同名簿を持って日本記者クラブに協力要請をした際にも強調した部分だ。先に紹介した畠山理仁氏のメールに込められたフリーランスとの連帯が欠かせないと考えたからだ。

また共同声明には、新型コロナ対策に限らず、首相への質疑の場を確保していくことの重要性も盛り込んだ。

〈記者が様々な角度から質問をぶつけ、見解を問いただすことは、為政者のプロパガンダや一方的な発信を防ぎ、市民の「知る権利」を保障するための大切な営みです。それにもかかわらず、2011年3月の東日本大震災以降、日常的に首相が記者の質問に応じる機会がなくなりました。特に例年3月末に新年度予算が成立した後は、首相が国会で説明する機会も急減します。官邸の権限が増大する一方で、説明の場が失われたままという現状は、民主主義の健全な発展を阻害しています。新型コロナウイルス対策に限らず、「桜を見る会」や森友学園問題をめぐる疑惑など、安倍首相に問いただすべき課題は山積しています。視察先での地元記者の質問権の保障を含め、日常的に首相へ質問する機会を復活するよう、政府と報道機関に求めます〉

法政大の上西教授は記者会見で、今回のネット署名の意義についてこう語った。

「記者が（政府との）力関係で押し込まれているところを、その後ろにいる私たちが、記者を『頑張れ』という形で支えて、ジャーナリズムを発揮していただく」

上西教授は著書『呪いの言葉の解きかた』のなかで、思考の枠組みを縛る様々な「呪いの言葉」から解き放ち、相手の気持ちをあたため、相手の主体的な言動を促す言葉の必要性を提唱している。

「市民が『ちゃんと報道しろ』と求めるが、もちろんそういう批判の声を届けるのも大事だが、報道ができるように支えることが非常に大事だと思う。今回のように『署名』という形で声を届けるだけではなくて、例えば雑誌を買うとか新聞を買うとか。ともすれば批判だけだと萎縮《いしゅく》してしまう。結局、読者も批判するし、官邸側からもにらまれるし、頑張ったら（現場から）外される。そういう状況はあると思う。そこを変えていくような形をとれればと思う」

出版関連の参加者から「『安倍政権が問題』という形では広がっていかないと思うが、そこはどう考えているのか」という質問が飛んだ。私はこう答えた。

「これは単に『政権批判をしたい』ということではないです。とりわけ昨年（19年）から官邸の会見に（メディア関連労組の）我々がこだわっているのは、日本の中枢である官邸で起こっている記者会見のスタイルというのは、全国に波及する恐れがあるからです。実際、菅義偉官房長官が『あなたに答える必要はありません』とか『そんなことにお答えする必要ありません』と言い放つ話法が広まり、地方の役人や政治家が同じように記者に答え始めている。そうした流れを食い止めていかないといけないし、しっかり質疑をして政治家に言いっ放しにさせない。そうした当たり前の姿をそれぞれの現場で取り戻していく。

そうした運動だと思っています」

この記者会見が行われる前日、安倍官邸を直撃するニュースが流れた。

〈「すべて佐川局長の指示です」 森友事件で自殺した財務省職員「遺書」入手〉――。

安倍首相の妻・昭恵氏が名誉校長を務めていた小学校の建設に関する国有地の払い下げをめぐり、公文書の改ざんを苦に自殺した近畿財務局の元職員が書き残した手記やメモを文春オンラインで報じたのだ。

遺族から提供を受けたのは、元NHK記者の相澤冬樹氏（大阪日日新聞記者）。遺族は報道の翌18日、「夫が死を選ぶ原因となった改ざんは誰が誰のためにやったのか。改ざんをする原因となった土地の売り払いはどうやって行われたのか。真実を知りたい」として、国と佐川宣寿《のぶひさ》・元財務省理財局長を提訴した。

安倍首相は18日夜、首相官邸を出るときに記者団から提訴の受け止めを問われ、「改めてご冥福をお祈りしたい。改ざんは二度とあってはならず、今後もしっかりと適正に対応していく」と述べた。記者からは首相自身の責任を問う質問も出たが、それには答えず官邸を立ち去った。政府による一斉休校要請の延長をしない方針を決めた20日の新型コロナウイルス感染症対策本部の会合でも、一方的に発言しただけで、記者会見は開かなかった。西日本新聞は21日、「会見回避の首相、『森友』追求《ママ》逃れか」と題した記事を配信した。

〈なぜ首相は会見しなかったのか。政府高官は取材に「コロナの会見で関係ないことを聞かれるのは良くない」と言い、森友学園問題が一因だったことを暗に認めた〉

国会で改ざん問題の再調査を拒否し、うやむやにしようとする安倍首相や麻生太郎財務相に対し、遺族は反論のコメントを出していた。

「安倍首相は２０１７年２月17日の国会の発言で改ざんが始まる原因をつくりました。麻生大臣は墓参に来てほしいと伝えたのに国会で私の言葉をねじ曲げました。この２人は調査される側で、再調査しないと発言する立場ではないと思います」

しかし、官邸記者クラブに所属する記者にはそうした遺族の思いを受け止めて直接、安倍首相に問いただす機会が事実上なかった。東日本大震災以降、毎日、首相への質疑を行っていた「ぶら下がり取材」の機会がなくなったからだ。当初は菅直人首相（当時）が

「災害対応に集中するため」という理由で当面見合わせるという申し入れだったが、後を継いだ野田佳彦首相（同）が定例的なぶら下がり取材の廃止を表明。官邸記者クラブは首相に文書で抗議して再考を求めたが、野田首相は判断を変えなかった。そして、安倍首相も民主党政権が決めたルールをそのまま踏襲した。

結局、安倍首相が記者にきちんと向き合ったのは3月28日。新年度予算が前日に成立したことを受けた記者会見だった。

「それでは、次の方。オレンジのお召し物の、どうぞ」

「江川と申します。よろしくお願いします」

「所属もお願いします」

「フリーランスです」

長谷川広報官は、2月29日の記者会見で「まだ質問があります」と声を上げた江川紹子氏を6問目に指名した。さらに10問目にはインターネット放送局「ビデオニュース・ドットコム」代表の神保《じんぼう》哲生氏も指名した。

しかし、長谷川広報官は会見の冒頭で、新型コロナの感染防止を理由に次のような要請をした。

「本日、大変多くの皆様にご参加いただきました。ありがとうございます。現下のこの状況をご賢察いただきまして、ご質問を希望の意思表示は、声ではなくて挙手でお願いしたいと思います」

記者から次々と質問を求める声が上がった3月14日の記者会見の再現を避けようとする狙いが透けた。そして、記者会見を打ち切る理由として、記者会見の直後に新型コロナ対策の政府対策本部を設定した。この狡猾《こうかつ》さには、「政府対策本部の議論の後に記者会見をするのが本来のあり方だ」という批判が出た。

そして、安倍首相が「緊急事態宣言」を発出した4月7日の記者会見からは、記者会見場を通常の会見場より広い大ホールに移したにもかかわらず、記者の席を29席に限定。官邸記者クラブの常勤幹事社である19社に「1社1人」で割り振ったうえで、フリーランスや外国プレス、地方紙などは残り10席を抽選で選ぶ仕組みをとった。

開始から59分。10人の質疑が終わり、長谷川広報官が「予定しておりました時刻を経過いたしましたので、以上をもちましてこの記者会見を終わらせていただきます」と打ち切ろうとしたなか、「1問、1問」といって人さし指を掲げて力強く訴えたイタリア人記者がこじ開けた。「では、どうぞ。最後ですね。すみませんけれども」と長谷川広報官が促した。

「ありがとうございます。総理、ごめんなさい。イタリアの方です。帰っていないです。ずっと日本に住んでいます。今まで世界はほとんどロックダウンにしているのですけれども、日本だけ今まで天国が見えると思いますよね。今までご自分で対策を投じた中で、一か八かの賭けが見られますね。成功だったら、もちろん国民だけではなくて世界から絶賛だと思いますけれども、失敗だったらどういうふうに責任を取りますか。もう一点、みんなここでマスクをかけているのですけれども、（安倍首相と諮問委員会の尾身茂会長）２人だけ持っていない。特別な意味があるのですか。主張はあるのですか。メッセージはあるのですか。ありがとうございます」

たどたどしい日本語だったが、場の空気を変えた質問は為政者の本音が透ける発言を引き出した。

「例えば最悪の事態になった場合、私たちが責任を取ればいいというものではありません」

このイタリア人記者が突破口を開いたことで、もう1人も粘って質問。さらに手が挙がり続けたので、困惑した長谷川広報官が「すみません。私から提案します。ご質問されたい方がいらっしゃると思うので、書面で出してください。後で私の方から総理にクリアを取って（了解をとって）、総理のお答えを書面で返しますので」と断ってから終了する異例の対応を取った。

閉ざされた官房長官記者会見

その後の首相記者会見でも、大川興業総裁の大川豊氏が、知的障害者への対応について問うことがあった。安倍首相らの回答は不十分だったが、国政の中心で質疑されることによって、このテーマへの社会的な関心を集める一つのきっかけになった。このように首相記者会見では常駐社以外の「10枠」が活力となったが、官邸側は「新型コロナ」を理由にもう一つの要求を突きつけてきた。

官邸報道室は4月7日、「①新型コロナウイルス対応で官房長官の業務が増大し日程が逼迫《ひっぱく》している②官邸内での感染拡大を防止する」という2点を理由に挙げ、菅官房長官の記者会見を9日から当面の間、1日1回に減らしたいと官邸記者クラブに要請した。

官房長官は政府のスポークスマンで、原則として平日は午前・午後の2回、記者会見を行ってきた。それを半減するというもので、「①1回にする場合は午前の開催を想定②記者会の要請があれば、午後は官房副長官か内閣広報官が代理で対応」と提案し、さらには会見に出席する記者（カメラマン除く）は「1社1人」に限ることも求めていた。

官邸記者クラブの幹事社は報道室に対し、①新型コロナウイルスの感染拡大が続き、緊急事態宣言が発出されている状況だからこそ、政府が情報発信し、記者が質問する機会を確保するべきだ②官房長官が会見することに意義がある③国民は政府による正確で速やかな情報発信を求めている——などと指摘し、官房長官による1日2回の会見を継続するよう求めた。

「政府のスポークスマン」である官房長官のもとには、記者会見をサポートするために、霞が関の各省庁からの情報が集まってくる。政府の動きを内閣の要《かなめ》である官房長官が集約して発信する会見は、総合調整機能を持ち、政府と国民をつなぐ場だ。東日本大震災で、東京電力福島第一原発の未曽有《みぞう》の事故が起きているときにも、当時の枝野幸男官房長官は「#枝野寝ろ」というハッシュタグができるほど、繰り返し記者会見を行い政府の先頭に立って説明をしてきていた。官邸記者クラブの主張は当然だった。

断続的に官邸側と記者クラブ側のやりとりが続き、最終的に8日に以下のような内容で官邸記者クラブは官邸側の要請を受け入れることを決めた。

〈新型コロナウイルス感染症の拡大が見られる中、政府として緊急事態宣言を発出するという、極めて異例の事態が生じている。官房長官記者会見についても、「官邸内での感染拡大の防止」及び「急増する政府としての関連業務への対応」という2つの新たな課題に対処しつつ実施していく必要がある。

特に、感染症の国内外での拡大により、国民生活及び国民経済に与える影響が甚大となり、改正特別措置法に基づく緊急事態宣言を発出する中で、内閣官房長官は、対策本部の副本部長として、各府省の現状と対応を把握・調整する業務などの関連業務に最優先かつ迅速に対応する必要があり、極めて逼迫したスケジュールの管理を強いられていることをご理解いただきたい。

以上を踏まえ、緊急事態宣言が継続している期間の官房長官会見の実施のあり方について、改めて以下を要望させていただく。

1．会見実施の態様について、感染リスクを極小化する観点から、以下の諸点をお願いしたい。①ペン記者は各社1ペンとしていただく。②体調の悪い方の出席は控えていただく。③マスクを着用いただく。④着席にあたっては演台から十分な距離をとってい

緊急事態宣言を出した後、首相官邸の大ホールで記者会見する安倍晋三首相（右上）。記者の座席は間隔を空けて配置された＝2020年４月７日、首相官邸

ただく。

２．会見実施にあたっては、官房長官のスケジュールが極めて逼迫していることから、各会見の時間的制約は従来以上に厳しくなる。そのため、①引き続き質問の要望がある段階でも、官邸報道室長から会見終了の協力依頼を行わざるを得ない場合が増えることが見込まれるところ、十分な配慮をいただきたい。また、②記者会見の開始時間についても、スケジュール管理上、変動する可能性があることをご了解いただきたい。なお、上記①及び②については、午前会見、午後会見のいずれについてもあてはまる〉

回数の削減については撤回させ、「官邸記者クラブの反発で、半減撤回」というニュースが流れたが、「1社1人」というこれまでにない制限の導入が決まった。官房長官の記者会見は、金曜日の午後以外はフリーランスに開放されていないため、1社1人とすると、出席するのは、ほぼ官房長官の番記者に限定されることになるルールだ。

京都新聞などが「1社1ペンは多様性を失うので、受け入れられない。官邸にあらゆる努力をさせるべきだ」と求め続けていたが、交渉にあたっていた官邸記者クラブの幹事社が「長官室の意思は固い印象を受ける」と回答した。官邸記者クラブの主張がまとまっていた回数削減の撤回が優先だった。

この新たなルールの結果、新型コロナウイルスに関して医療や科学の取材をしている記者が官房長官会見に参加することは困難になった。また、森友・加計学園問題など安倍官邸の問題が次々と明るみに出た2017年以降、官房長官記者会見に出席して追及を続けてきた東京新聞社会部の望月衣塑子《いそこ》記者も参加できなくなった。

「官邸報道室長から会見終了の協力依頼を行わざるを得ない場合が増える」という一文も盛り込まれた結果、記者会見の時間もコンパクトになった。

東日本大震災が発災し、福島第一原発事故の「原子力緊急事態宣言」が出た2011年と比較してみる。

11年3月11日午後2時46分の発災から同年4月10日までの1カ月間に、枝野官房長官（当時）が行った記者会見は64回（福山哲郎副長官が代行した1回は含まず）。3月12日、13日は5回、14日は6回に上り、土日・祝日も記者会見が行われた。この時も官房長官のスケジュールは極めて逼迫していたが、総時間は26時間14分18秒。1回あたりの平均は24分36秒で、最も長い時は46分以上に及んだ。

これに対し、新型コロナウイルスをめぐる緊急事態宣言が出てからの1カ月間に、菅官房長官が行った記者会見は33回。総時間は6時間45分7秒。1回あたり平均12分17秒だった。

「1社1人」という新ルールは、「緊急事態宣言が継続している期間」という要請だったが、全国で緊急事態宣言が解除された5月25日になっても続き、固定化された。国際NGO「国境なき記者団」は同月29日、「市民が未だかつてないほど情報を必要としている状況下において、日本政府が新型コロナウイルス危機を利用して記者会見へのアクセスを制限することは認められない」と指摘。官邸記者クラブの幹事社が首相官邸に改善を口頭で要請したのは、6月18日になってからだった。

コラム

「会見はオープンであるべきだ」――畠山理仁さん(フリーランスライター)

安倍政権になって、首相記者会見でフリーランスが質問をあてられるまでに7年3カ月かかった。江川紹子さんが声を上げたことをきっかけに変化が起きたことはすごくいいことだが、会見の主催者である記者クラブの側が全然そこに関与していないことが僕は情けないと思っている。民主党政権の時の記者会見の開放も基本的に政治主導で行われたものだった。これは、報道側がなめられているということだ。

自分たちの特権を手放さないことを国民の側が知っているから、十把《じっぱ》一絡《ひとから》げの「記者クラブ廃止論」がいつまでたっても消えない。読者とか視聴者とかの信頼を失ったら、メディアの未来はないじゃないですか。正しいことをしていれば、国民も味方をするし、権力側にしっかり情報公開を要求できる。(記者クラブ、フリーを問わず)記者同士が同じ報道をする立場として、コミュニケーションを取っていくのが重要。僕は、権力側から国民のための情報を引き出すというところでは共闘できると思っている。政治家とか官僚に「情報を下さい、お願いします」ではなくて、「公僕たる公務員は当然情報を出すべきだ」という意識を持つ。会社員の記者だけでやりとりする会見ではなくて、いろいろな記者が質問するほうが、多様な情報が出ると思う。

2002年の日本新聞協会の記者クラブに関する見解も、「記者クラブは開かれた存在であるべきだ」「国民の知る権利に応えていくべきだ」と書いてあるし、2010年の新聞労連の提言もいいことが書いてある。しかし、実現されていない。もう徳俵《とくだわら》のところまで来ているので、ぜひとも具体的な行動をしてほしい。同じ報道の立場でフリーランスも一緒にタッグを組めると思う。

（2020年6月5日　新聞労連オンラインシンポ「メディアは何のためにあるのか？　いま『記者会見』のあり方を問う」での発言）

コラム　メディアも押し返してこそ——阿部岳さん（沖縄タイムス編集委員）

どんなにいい質問でも事前に通告したら、（権力の側に「答え」を）周到に準備されてしまうし、プロパガンダに使われてしまうこともある。私が参加した3月14日の記者会見では、(官邸記者クラブに常駐する)朝日新聞の記者が、私たちと同じように声を上げて質問した。その質問は事前に伝えず、しかもこのことを記事で説明していた。やはり「共犯関係」と言われるものを断ち切るためにはそういう姿勢が必要。

私も沖縄県内の記者クラブに所属していたことがあるが、記者クラブはフリーランスの人たちにもオープンにして残すのがいいという考えです。(記者クラブが)フリーランスの方をこれまで排除してきたし、ものすごく不信感は強いが、やはり権力の建物の中に、いろいろな記者がいるということが、「知る権利」に貢献する。拠点としては残したほうがいい。

「報道の自由」って、元々、のびのび自由というものではないと思う。権力は(メディアからの)批判が邪魔で止めようとしてくる。それを一生懸命、不断の努力で、メディアも押し返してこそ、初めて「言論の自由」「報道の自由」がある。いまのメディアは、自主規制・自己規制。一生懸命押し返していかないといけない。

(2020年5月3日 ChooseTV「#コロナ時代のメディア ～自由の気風を保つために～」での発言)

第2章
政治部不信

スタートライン

打ち切ろうとした官邸側に対して、参加した記者たちが異議を唱えた3月14日の首相記者会見後。ニューヨーク・タイムズ東京支局記者などを経て、現在はネットメディア「NO BORDER」の社主である上杉隆氏に連絡をとった。上杉氏もこの日の記者会見に参加していたからだ。

「新聞・テレビに所属していたメンバーのなかでは『押し返したぞ』という達成感もありますが、参加していてどうでしたか」

「まあ、スタートラインに戻ったという感じですよね」

上杉氏の言う「スタートライン」とは、2010年3月26日に首相記者会見がオープン化された時の状態のことを指す。

「今日、記者会見もより開かれるようにしてまいりたい。まだ、これも十分ではない。いろんなお叱りもいただいております。更に、もっと記者会見も開かれるように仕立てていかなければならない。まず、その第一歩を開かせていただいたとご理解をいただきたい」

これまで、官邸記者クラブ加盟社の記者に限定されていた官邸の記者会見をオープン化したのは、民主党の鳩山由紀夫首相（当時）だった。その記者会見で「次に新しく参加された方から」と内閣広報官に4番目に指名された上杉氏はこう言った。

「今日は記念すべき日になりました。先ほど総理も言及されたので、あえて記者クラブ、そしてこのクラブの会見の主催権、官房機密費の問題、あるいは官房長官の問題についでは、とやかく申し上げません。ただ、ずいぶんと経ちましたが、総理が日本の民主主義にとって貴重な一歩となる公約をお守りいただいたことに、まずは敬意を表します。そして、戦後65年、これまで国民の知る権利、情報公開の立場、会見のオープン化に向けて努力をしてきたすべての人々、それから世界中のジャーナリストに代わって御礼を申し上げたいと思います。ありがとうございました。質問はありません。以上です」

この発言は、いまなお政治部記者から揶揄《やゆ》されている。「オープン化を求めながら、質問はないのか」と。しかし、上杉氏は日本政府の記者会見のオープン化を進めた立役者である。ビデオジャーナリストの神保哲生氏らと一緒に、民主党が野党時代から当時の代表だった小沢一郎氏らの記者会見でオープン化の必要性を説き、民主党が政権を取ったらオープン化するという言質《げんち》を積み重ねてきた。

「どなたでも会見にはおいでくださいということを申し上げております」（2009年3月24日、小沢一郎民主党代表＝当時）

「私としては当然ここ（会見）はどんな方にも入っていただく、公平性を掲げていく必要がある」（同年5月16日、鳩山由紀夫民主党代表＝同）

2009年9月に鳩山政権が発足した後は、鳩山首相らとのパイプを生かして、「官邸」「官邸記者クラブ」「フリーランス・ネットメディア」の3者の調整にあたり、オープン化を実現させた。菅直人内閣になってからは、枝野幸男官房長官（当時）に働きかけ、11年2月には金曜日午後の官房長官記者会見もオープン化した。

国際NGO「国境なき記者団」が毎年発表している「報道の自由度ランキング」で2010年は、過去最高の11位まで浮上。官邸会見に限らず、フリーランスや外国人を制限していると国際的に批判される記者クラブの運用で、改善があったことが影響したと見られる。

10年3月に総務省が公表した「記者会見のオープン化の状況についての調査結果」では、

次のように多くの省庁の記者会見がオープン化されていった。

A：フリーランス記者、日本インターネット報道協会加盟社の記者等も一定の手続を経て参加可（質問権などの制限なし）

内閣官房（内閣総理大臣）、内閣府（菅大臣、川端大臣、福島大臣、仙谷大臣、枝野大臣※1、原口大臣）、金融庁（金融庁主催）、公正取引委員会、消費者庁、総務省、法務省（本省）、外務省、財務省、文部科学省、厚生労働省（都道府県労働局の一部）、農林水産省、経済産業省、環境省※2

※1 枝野大臣については、定例の閣議後会見とは別に、大臣主催の「オープン会見」を実施している。

※2 現在は、フリーランス記者は参加していない。また、4月から定例の閣議後会見とは別に、原則として全てのメディアを対象とした環境省（大臣）主催の「一般会見」を実施する予定

B：フリーランス記者、日本インターネット報道協会加盟社の記者等も一定の手続を経て参加可（質問権なし）

内閣府（前原大臣）、金融庁※3（記者クラブ主催）、厚生労働省※4（本省、都道府県労働局の一部）、国土交通省

※3 質問権の付与について記者クラブ内で検討中

※4 記者クラブ加盟社以外の記者への情報提供のあり方等について検討中

C：日本新聞協会、日本民間放送連盟加盟社の記者等は、一定の手続を経て参加可（質問権などの制限なし）

内閣府（中井大臣）、国家公安委員会、防衛省

D：記者クラブ加盟社の記者

内閣官房※5（官房長官）、宮内庁、法務省※6（地方検察庁、矯正管区）

※5 参加者の拡大について調整中

※6 記者クラブ以外の記者の参加等について検討中

興味深いのは、金融庁の記者会見が二つあることだ。亀井静香・金融担当相（当時）がフリーランスにも記者会見を開放しようとしたが、記者会見の主催権を持つ記者クラブが難色を示したため、記者会見場で行われる通常の会見とは別に、フリーランスやネットメ

ディアなどの記者に向けた第2記者会見を大臣室で独自に開いていたからである。動画撮影やネットでの生中継も自由に行えた。

亀井氏の記者会見に参加していたフリーランスの畠山理仁氏は自著にこう綴っている。

〈多くのジャーナリストたちは、記者クラブに対して「記者会見のオープン化」を求めてきた。しかし、状況は何も変わらない。記者クラブ側と交渉すればするほど、バカらしくなってくる。そして一人、また一人と戦うことをやめてしまう。その結果、記者クラブの既得権益は一日、また一日と温存される。本末転倒ではあるが、もはや政治の側に期待するしかないのが現状だ〉

（畠山理仁著『記者会見ゲリラ戦記』）

新聞労連もこうした情勢を踏まえ、2010年3月に「記者会見の全面開放宣言～記者クラブ改革へ踏み出そう～」を発表している。

〈記者会見については、昨年9月の民主、社民、国民新の3党による連立政権の発足後、外務省や総務省などの省庁で「大臣会見のオープン化」が広がっています。本来ならば記者クラブ側が主体的に会見のオープン化を実現すべきでしたが、公権力が主導する形で開放されたのは、残念であると言わざるをえません。さらに、政府の動きに比べて、記者クラブ側は総じて積極的に素早く対応しているとは言えません。一般市民、記者クラブに加入していないメディアやジャーナリストからみて、記者クラブ、ひいては私たち新聞人自身が開放に抵抗していないか、問いかけなければなりません〉

政治に押される形で進む動きに自省を込めた、実行への手引きだった。

「記者クラブへの加盟いかんに関係なく、知る権利に奉仕する限り、すべての取材者に開放されるべきです。どのような記者会見でも、すべての取材者が出席できるよう努めましょう」

「公権力側からの開放要請を受けた際、記者クラブが自ら記者会見への参加に条件や基準を設けてハードルを上げていませんか？　記者クラブが市民の知る権利を阻《はば》んでいるとみられかねません。全面的に開放するよう努め、公権力側から条件設定の要請があったとしても断りましょう」

「原則として質問をする機会はすべての取材者に与えられるべきです。公権力側が特定の取材者にだけ質問を認めたり、一方的に会見を打ち切ったりするなど、恣《し》意的な運用をした場合は抗議しましょう」

このような8項目のチェックポイントを挙げ、「そもそも報道の自由は知る権利に奉仕するためにあり、市民の信頼があって初めて成り立ちます。市民の信頼がなければ、公権力による報道規制や表現の自由を制約する動きに対抗することもできません。記者会見や記者クラブの開放によって広く市民の信頼を勝ち取ることは、権力監視のために独立した公共性の高い新聞ジャーナリズムを支える基盤になる」と訴えていた。

上杉氏は首相記者会見のオープン化が決まった直後、「WAR IS OVER!」とツイートした。その心境を「週刊朝日」のインタビューでこう振り返っている。

〈記者クラブとの戦争はこれで終わり。なぜなら、この問題は記者クラブ自身が解決することだからです。そもそも記者クラブにいる記者は敵ではありません。本来は、公権力のチェック、暴走や腐敗を連帯して追及する仲間のはずです。本来の監視対象は政府側です。メディアの厳しい批判を乗りこえ、緊張感のある丁々発止で磨かれない政権や政治家に民意を委ねることはできません。だから、記者クラブ加盟社の皆さんには、これからは一緒に戦いましょうと言いたい。そして健全な取材競争を繰り広げましょう。そのスタートラインにやっと立てたのです。踏み出した一歩は小さくとも、やはり日本の民主主義にとっては大きな一歩といえるでしょう〉

（「週刊朝日」2010年4月9日号）

しかし、10年を経て、上杉氏にその高揚感はない。記者会見のオープン化に消極的な自民党が政権に返り咲き、記者クラブに所属するメディアからも自己改革の機運は失われた。

上杉氏は2020年3月14日の首相記者会見で、記者が次々と手を挙げる姿を見た安倍首相が「まあ、いいんじゃない」と言って応じ始めた状況を踏まえ、こう語った。

「政治家が、一番理解が速い。役人はその政治家をみて態度を決め、最後に邪魔をするのは仲間です」「個で戦っても勝ち目はありません。最後はある程度の塊《かたまり》で対抗しないといけませんね」

上杉氏は、フリーランスの中の事情についても語っていたが、なにより、私が官邸記者クラブにも在籍した政治部記者であったことをよく知っている。自分の足元と闘う覚悟を迫るものだった。

内閣広報官

上杉氏はもう一言、こんなことを語った。

「2010年に官邸と官邸記者クラブの間で決めたルールを変えていないのであれば、それを守らない内閣広報官を更迭しないといけない」

内閣広報官は、官邸機能強化を進めた2001年1月の中央省庁再編の際に、首相が任命する事務次官級の特別職に格上げされた。格上げ後、2代続けて旧建設省出身の官僚が務めていた。

転機は小泉政権の任期満了が近づいていた06年7月だ。2代目の内田俊一氏が内閣府事務次官に就任して空席になった際、次期首相が有力視されていた安倍晋三官房長官（当時）が「広報官は首相、官房長官と密接に意思疎通を図りながら仕事を進める立場で、後任は次の内閣発足まで置かない」（7月21日の記者会見）、「各省の定例人事で自動的に決まる形ではなく、政権がどういう政策をやっていくかをしっかり広報していかなければならない」（8月3日）と表明した。

安倍氏は同年9月15日の自民党総裁選の公開討論会で、「ポリティカル・アポインティー（政治任用）をフル活用していくべきだ」と述べ、具体例として広報体制の強化を挙げ、「国内だけでなく世界に発信する機能を持つべきではないか」と強調。広報官の政治任用などで対応する考えを示した。その安倍氏が首相に就任し、同年9月26日に内閣広報官に起用したのが、第2次政権でも内閣広報官になった経済産業省出身の長谷川栄一氏である。「内閣広報官」という役職に対して、官邸記者クラブに所属していたベテランの政治記者たちは長谷川氏に別の意味で注目している。官邸の報道対応の視線が変わったと感じているからだ。

「官邸記者クラブに詰めている記者たちのお世話をするという雰囲気のあった官邸の報道室が、より首相を向くようになった」

こうした見方にはもちろん記者クラブに対する「お世話」が当たり前のようにあった時代へのノスタルジーも色濃く投影されている。ただ、官邸の中において、記者の側に立って要望を聞き、官邸幹部と調整する存在がいなくなったことは大きかった。

長谷川氏をめぐっては、第1次安倍政権の時もこんな事件が起きている。

06年12月19日の記者会見で、安倍首相は自身のこだわりがある改正教育基本法の成立など臨時国会の「成果」や郵政法案造反組の「復党問題」などの一方的な説明に19分余りを費やした。司会役の長谷川広報官は、事前通告を受けた幹事社からの2問を受け付けただけで、「終了予定時刻がきた」として会見終了を宣言したのだ。この時は官邸記者クラブから抗議が上がり、長谷川氏は記者クラブ側に「幹事社以外の質問を排除するつもりはなかった。各社からの質問をなるべく多くとりたい」「(冒頭発言と質問の)バランスをとる必要は理解できる。できる限り気をつけて運営していきたい」などと釈明に追い込まれた。

長谷川栄一・首相補佐官兼内閣広報官

07年夏の参院選で大敗した安倍首相が同年9月に退陣した後、長谷川氏も内閣広報官を退任した。その後、07年11月から13年7月までの約6年間は、特許庁長官だった小川洋氏(現・福岡県知事)、内閣総務官だった千《ち》代《しろ》幹也氏の2人が内閣広報官を務めたが、この間は1年おきに首相が交代していた。衆院選の結果を受けた2度の政権交代もあり、内閣広報官にとっての「主」は固定化されず、官邸記者クラブの記者にとっても脅威にならなかった。

しかし、2013年7月。参院選で勝利し、政権基盤を固めた安倍首相は、長谷川栄一首相補佐官に内閣広報官を兼任させる人事を閣議決定した。菅義偉官房長官は記者会見で、「内閣の重要政策の広報とともに、首相に政策・企画面での進言をしてもらう」と述べた。

政治記者にとって、首相や官房長官は定期的に代わるものということが半ば常識になっていた。しかし、安倍首相、菅官房長官、そしてその広報を支える長谷川広報官という体制は7年近くも続くことになったのである。

変わったルール

第2次安倍政権は、官邸主導でこれまでの取材の慣例を大きく変えていった。

安倍官邸は2013年1月、歴代内閣が自粛していた単独インタビューを積極的に行う考えを官邸記者クラブに伝えた。

「単独インタビュー」への歯止めは、首相がメディアを選別しないための慣例だった。テレビは官邸記者クラブに加盟するNHKと民放の在京キー局に、ローテーションに従って順番に出演する。テレビに単独で出演した際には、ほぼ同時期に新聞・通信社のグループインタビューに応じていた。

しかし、記者クラブに所属しないネットメディアやフリーランスなどの活躍が広がるなか、官邸記者クラブのメディアだけで首相の取材機会を独占することの合理性を見いだすことが難しくなっていた。また、民主党政権の広報を担った元官邸スタッフも、「首相がテレビに出演して国民に訴えたくても、テレビ局は次期首相のインタビューの方がニュース性が高いとみて、やろうとしない。記者クラブメディアの都合で、首相の発信が封じられていた」と不満を持っていた。官邸側にそうした旧弊の矛盾を突かれたのである。

官邸記者クラブ側は、メディアの選別や会見回数の制限をしないよう求めたうえで官邸側の提案を受け入れたが、約束が履行されたのは、政権発足当初だけだった。

第2次安倍政権が発足してから、20年5月17日までに行われた首相単独インタビューの回数だ。

①産経新聞（夕刊フジ含む）……32回
②NHK……22回

③日本テレビ（読売テレビ含む）　…　11回
④日本経済新聞　…　8回
⑤読売新聞　…　7回
⑥毎日新聞、TBS、山口新聞　…　5回
⑨月刊Ｈａｎａｄａ、テレビ東京、テレビ朝日（BS含む）、共同通信、ウォール・ストリート・ジャーナル　…　4回

産経新聞系が突出している。ちなみに朝日新聞は3回だ。

安倍首相の単独インタビューで最も象徴的だったのは17年5月3日、憲法記念日にあわせて、自衛隊の存在を9条に明記するなどの改憲案を示し、20年に改正憲法を施行する考えを読売新聞の単独インタビューで表明したものだ。その後の国会で自民党改憲草案との整合性について問われると、「私は内閣総理大臣として（予算委に）立っており、自民党総裁の考え方は読売新聞に書いてある。ぜひそれを熟読して頂いてもいい」と言って、野党の質問をかわす材料にも使われた。

安倍首相はこのほかに個別のテレビ番組にも積極的に出演している。

日常的なぶら下がり取材で質問する機会を失ったうえに、単独インタビューを解禁したことによって、記者クラブが培ってきた「公」の取材機会は加速度的に減っていった。グループインタビューやぶら下がりや記者会見などの「公の取材機会」の本来の良さは、取材機会を設定するために、為政者との事前調整が少ないことにある。単独インタビューだと、首相側に応じてもらうために、個別のやりとりが必要になるからだ。

メディア環境の変化も、安倍官邸の報道対応の追い風になった。

安倍首相は17年10月の衆院選の公示直前、インターネット放送の「AbemaTV」に出演した。選挙期間中のテレビ報道は各党を平等に扱うのが基本だが、「AbemaTV」は政治的公平を定めた放送法4条の枠外にある。

安倍首相にとっては、森友・加計学園問題などが噴出し、同年7月の東京都議選では歴史的大敗を喫するという苦しい状況だったが、「安倍さんにがんばっていただかないと日本は経済も立ち行かなくなるし、それから北朝鮮からも守れないし、外交も歴代の総理大臣でこれだけやった方いないですよ」などとゲストに持ち上げられるなか、1時間にわたって自説をアピールすることができた。その後の自民党の広報戦略などを考える会議では「いくら新聞とかテレビでやっても効果がないので時代遅れ」「AbemaTVにくいこむべきだ」と話し合われていた。

安倍官邸は、既存の新聞・テレビを通さず、直接、国民・市民に訴えかける手法を磨くことに余念がない。19年4月1日に新元号「令和」を発表した際には官邸のインスタグラムを使って、カウントダウンライブを行った。

為政者はSNSや多彩なメディアを使って国民・市民と直接つながり、情報の「出口」を独占していた既存メディアの力はそがれた。そして、既存メディアは為政者によって分断されている。安倍首相はこの日の記者会見で、質問したニコニコ動画へのリップサービスを盛り込みながら、既存メディアをあてこすった。

「本日の会見は、インスタグラムやツイッターで生中継をされていますが、今の若い世代の皆さんは、こうしたSNSなどの新しいツールを見事に使いこなすことで、どんどん新しい文化をつくり上げています。ニコニコ動画も既存メディアの発想にとらわれることなく、若者たちならではの柔軟さで多様な番組を生み出して、リアルタイムで個人がコメントを発信できる、新しいメディアの姿を形づくられたと、こう思っています。こうした若い世代の新しいムーブメントは、確実にこれまでの政治や社会のありように大きな変化をもたらしつつあります。本当に頼もしい限りであると思っておりますが、日本の未来を明るいと感じています」

官房長官会見のツケ

官邸の報道対応が大きく変化するなかで、従来どおり平日の1日2回開催が保たれてきたのが、官房長官の記者会見だ。

「台本営発表」「劇団記者クラブ」などと首相記者会見が批判された直後、官邸記者クラブのキャップ経験者は東京・新橋の居酒屋でこう指摘した。

「日常的な官房長官会見できちんと追及していなかったことが、こういう首相記者会見の結果を招いた」

私が東京政治部に配属されたのは今から12年前の2008年。自民党の福田康夫政権の時だ。フリーランスへのオープン化の前だったが、官房長官記者会見は、官房長官番に限らず、「誰が聞いてもいい」という比較的自由な雰囲気があった。町村信孝氏が官房長官だったが、政治記者駆け出しの私が突然後ろから質問しても、町村氏は長官番と同じように答弁しており、先輩の官房長官番からも「どんどん好きに聞いたらいいよ」と後押しされていた。

民主党の野田佳彦政権だった11年9月から1年4カ月間、官房長官番を務めた時も、自由な質疑の雰囲気は続いていた。

官房長官との一定の人間関係が必要になる番記者は、硬軟織り交ぜないと仕事が進まない事情も抱える。また、記者会見が始まる前のオフレコ取材の場で「これはそんな大した話ではない」などとバックグラウンドを聞かされ、（官房長官サイドの話ではあるが）事情通になって記者会見に臨んでしまうこともある。このため、そうした番記者以外の記者も質疑に参加してくることによって、質疑は活発になり、緊張感を保つことができる。時間制限もない。だから、かつての官房長官は会見が終わると、「まるで団体交渉のようだ」と嘆き、記者会見を苦に官房長官の辞任を首相に申し出ようとした人もいたという。

ところが、私が2年半の大阪勤務を終えて、15年9月に再び東京政治部に戻ってくると、官房長官会見の質疑がほぼ番記者に限定されるようになっていた。内閣改造を経ても続投を重ねる菅官房長官のもとで新たな秩序が作られていき、不都合な質問には「ご指摘は全く当たりません」と一方的に切り捨てて、「菅はどうせ答えない」という諦めの相場観が広がっていった。

そうした官房長官と番記者の間で作られた秩序の矛盾が明るみになったきっかけが、17

年5月17日の記者会見だ。安倍首相の友人が理事長を務める加計学園の獣医学部新設をめぐり、「総理のご意向」などと書かれた文部科学省の文書を朝日新聞が報じた際に、「怪文書のようなものだ」と菅官房長官が切り捨て、「確認できない」という政府の答弁が1カ月近く続いた。

そのやりとりに国民のフラストレーションがたまるなか、官房長官の記者会見に乗り込んでいったのが、東京新聞社会部の望月衣塑子記者だった。

同年6月8日、「総理のご意向」などと書かれた文書の再調査を要求。司会の官邸報道室長から「繰り返しの質問はお控えください」と言われても、「きちんとしたお答えを頂いていないから聞いているんです」と官邸記者クラブを覆う空気を打ち破り、計23問の質問を浴びせた。その様子は夜のテレビニュースでも放映され、耐えかねた政権は文書の存在を認める再調査実施に追い込まれた。国民・市民の期待に応える質疑を行うには、メディア側の多様性や型にはまらない姿勢が必要であることを強く印象づける事件になった。

しかし、官邸はその後、望月記者に対し、①質問の順番を後回しにする②「公務がある」といって質問数を制限③質問中にもかかわらず7~8秒おきに「簡潔に」と妨害④質問内容に「事実誤認」のレッテルを貼る――といった嫌がらせを繰り返し、意に沿わない記者を排除しようとした。
その象徴が、18年12月26日の記者会見をめぐる対応だ。

沖縄県名護市辺野古で進む米軍新基地建設をめぐり、望月記者が「埋め立て現場ではいま、赤土が広がっております」と質問したことについて、菅官房長官は「法的に基づいて、しっかり行っています」「そんなことありません」とまともに答えなかったあげく、官邸報道室が「表現は適切ではない」「事実に反する」と主張する文書を官邸記者クラブの掲示板に貼り出した。「東京新聞の当該記者による度重なる問題行為については、総理大臣官邸・内閣広報室（ママ）として深刻なものと捉えており、貴記者会に対して、このような問題意識の共有をお願い申し上げるとともに、問題提起させていただく」と書かれていた。「本件申し入れは、記者の質問の権利に何らかの条件や制限を設けること等を意図したものではありません」という言い訳が添えられていたが、記者の排除や質問封じを狙った申し入れだった。

この申し入れが悪質なのは、記者の質問内容にまで政府見解をあてはめて、排除しようとする検閲に近い行為だったからだ。赤土が広がっていることは現場の状況を見れば明白で、記者が記者会見で質問することは自然な行為であった。埋め立て工事に使用する土砂に、当初の仕様書の4倍以上の赤土などが含まれていた疑惑を問いただそうとした望月記者に対して、一方的に「事実誤認」や「問題行為」のレッテルを貼ったが、結局、望月記者の指摘の方が正しいことがわかった。

第2次世界大戦中、準統制団体である「日本新聞会」のもとで記者登録制が敷かれ、自由な報道や取材活動が大きく制限された。1942年3月に策定された「日本新聞会記者規定」では、「国体を明確に把持《はじ》し公正廉直《れんちょく》の者」が資格条件になっていた。政府方針に疑問を差し挟む記者が排除され、いわゆる「大本営発表」に染まった報道の過ちを繰り返してはいけないという思いから、新聞労連や日本マスコミ文化情報労組会議は官邸の申し入れに抗議声明を出し、2019年3月には約600人が集まる抗議活動を官邸前で行い、対抗してきた。

しかし、望月記者に立ちはだかったのは、官邸だけではなかった。

- 「菅義偉官房長官、東京新聞記者に『事実か確認して質問を』と苦言」（2017年6月28日）
- 「官房長官の記者会見が荒れている！　東京新聞社会部の記者が繰り出す野党議員の

ような質問で」（同年7月18日）

・「東京新聞記者が菅義偉官房長官にトンデモ質問」（同年8月31日）

・「首相官邸広報《ママ》室、東京新聞に注意　菅義偉官房長官会見での社会部記者の質問めぐり」（同年9月1日）

このように産経新聞が、官邸の主張に歩調を合わせるような記事をネットで繰り返し配信。そうしたことが重なるなか、望月記者へのバッシングが助長され、「殺したるからな。あんなでたらめな女」という殺害予告の脅迫電話までかかってくるようになった。

産経だけではない。

２０２０年になって、望月記者が挙手しても菅官房長官が指名しないことが続き、「非常に不当な扱いを受けている。ぜひ見直していただきたい」と抗議した後には、別の全国紙の官房長官番の記者が「東京新聞の長官番（の記者）は何度も指名されており、望月氏が長官番に質問を依頼することは可能だ」と主張する記事を書いた。そのなかでは、「官房長官の取材を担当する長官番記者の間では『出席する記者は自由に質問するべきだ』との共通認識がある」とも書かれていたが、望月記者への官邸側の露骨な質問制限・妨害に対し、周囲の記者が異論を唱えていないことが可視化されてきたなか、内輪の論理をあからさまに主張する姿勢には市民から大きな批判が出た。

望月記者の集計によると、20年1月7日から4月3日まで計58回の官房長官会見に参加したが、質問ができたのは21回・32問だけ。多くの記者会見で、望月記者の質問が始まる前に、官邸報道室長が「この後公務があるので、あと1問で」などと言って、記者会見を打ち切っていった。官邸記者クラブが主催する官房長官の記者会見は、かつては記者の質問が尽きるまで行われてきた。

記者会見で、挙手する東京新聞・望月衣塑子記者（手前）を指名する菅義偉官房長官＝2019年５月30日

「公務があるのであと1問」という事実上の時間制限も、17年夏に望月記者の追及に困った官邸側が求めた、いわば「望月封じ」のルールだった。

ある官邸記者クラブの男性キャップは、記者会見場にいた望月記者に対してこう迫ってきたとされる。

「質問が下手すぎる。完全に喧嘩《けんか》売っている。もう少しうまくやらないと引き出せない」「外野で言って終わり。負け犬の遠吠え。はっきり言って」「官房長官会見で政権のことを追及するより別の方法で追及した方がお互いのためになる」

そして、望月記者が現状の記者会見の制約が強まっていることの問題を指摘すると、「それが政治ですから」「(政治家は)そういうものだから。そのなかで我々はいかに(情報を)取っていくか。菅さん個人の問題じゃない。単純すぎる」と言い放った。

官房長官番の記者のなかでも、菅官房長官に対して、「質問制限とみられることはやめた方がいい」と言ってきた記者もいた。しかし、官邸記者クラブにいた多くの記者は、望月記者への質問制限に対する感度は鈍かった。そのことを象徴的に表しているのが、19年2月18日に共同通信が配信した「官邸要請、質問制限狙いか『知る権利狭める』抗議」と題する記事に盛り込まれていたくだりだ。


〈メディア側はどう受け止めたのか。官邸記者クラブのある全国紙記者は「望月さん(東京新聞記者)が知る権利を行使すれば、クラブ側の知る権利が阻害される。官邸側が

機嫌を損ね、取材に応じる機会が減っている」と困惑する〉

しかし、記事が配信された後に内容を見た共同通信の加盟社から「記者クラブと官邸が癒着していると思われる恐れがある」という指摘があり、このくだりが削られて再配信された。この顚末《てんまつ》は神奈川新聞の田崎基《もとい》記者が詳しく報じている。

〈共同通信は削除した理由を「官邸記者クラブの意見を代表していると誤読されないため」としている。ただ、コメントのような考えを持つ記者が記者クラブにいることも事実だ。（中略）特に今回の記事は、権力と報道という緊張関係について指摘する内容であり、かつその核心部が削られた〉

そのうえで、こう指摘した。

〈会見の場で質問を遮《さえぎ》る妨害、さらには記者クラブに対し要請文をもってかける圧力。権力者によってこれほどあからさまに私たちの報道の自由が抑圧されたことが戦後あっただろうか。「権力は常に暴走し、自由や権利を蹂躙《じゅうりん》する」という歴史的経験を忘れてはならない。次なる闇は、その片棒を報道の側が担ぎ始めるという忖度《そんたく》による自壊の構図だ。その象徴は、削られた8行に込められていた〉

（2019年2月21日付神奈川新聞「時代の正体：質問制限 削られた記事『8行』」）

相互監視の葛藤

官邸記者クラブのメンバーは何を考えているのか。

新聞労連は2019年5月、官邸での記者会見の役割をどのように考えるのか、現場の記者の「本音」を知ることを目的とした官邸記者アンケートを実施した。

望月記者が官房長官記者会見に参加するようになった17年6月以降に官邸記者クラブに在籍したことのある記者を対象に労働組合を通じて呼びかけ、33人（新聞・通信社27人、テレビ・放送3人、その他・答えたくない3人）から有効回答を得た。

18年12月に首相官邸が望月記者の質問を「事実誤認」「問題行為」と断定し、「問題意識の共有を求める」と官邸記者クラブに申し入れたことに対しては、「納得できない」（15

人）、「どちらかと言えば納得できない」（6人）をあわせると6割を超えた。「納得できる」は0人、「どちらかと言えば納得できる」は6人だった。また、この申し入れに対して新聞労連が「国民の知る権利を狭めるもので容認できない」と抗議声明を出したことには、1人が「南委員長は退陣すべきだ」と回答したが、「賛同できる」（15人）、「どちらかと言えば賛同できる」（10人）で、4分の3が一定の理解を示した。「賛同できない」は4人、「どちらかと言えば賛同できない」は2人だった。

全体的には官邸の対応を批判的に見ていることがうかがえるが、一致した見解を表明していない官邸記者クラブの対応について尋ねると、意見が割れた。

「支持する」「どちらかと言えば支持する」…計14人（42・4％）
「支持しない」「どちらかと言えば支持しない」…計10人（30・3％）
「どちらとも言えない・答えたくない」…計9人（27・3％）

その理由については、「申し入れがあった際に抗議すべきだった。放置するのがどれだけメディアへの信頼を損ねるか」「一致して対応できないならクラブとしての体をなしていない」などと官邸への抗議を求める意見の一方で、「各社それぞれに考えがあり、一致した見解は難しい。東京新聞こそ政治部と社会部との言行不一致だ」「官邸と東京新聞で話し合ってほしい」と東京新聞への不満も噴き出した。

特に、望月記者の質問スタイルについて感じていることを、12の選択肢から複数回答可で選んでもらうと、「質問が長い」が17人、「質問が主観的・決めうちである」が16人、「質問に事実誤認が多い」が10人に上った。

1回の記者会見で10問以上の質問を重ねていた当初の時期（2017年6～8月）と比べて官邸による質問制限・妨害が厳しくなるなかで、このアンケートを実施したころには、望月記者の質問は1～2問に絞られている。「スタイルが変わっているかどうかは最近を知らないのでなんとも言えない」という自由記述があったように、官邸記者クラブに所属していた時期による影響もあると思われるが、官邸の主張と官邸記者クラブ員の不満が重なり合っていた。

新聞労連が抗議声明を出すにあたり、私自身もこんな経験をした。

官邸が「事実誤認」と記者クラブに申し入れを行った18年12月26日の望月記者の質問内容について、官邸記者クラブの旧知の記者とやりとりすると、「彼女の質問は間違いが多いからな」と言われた。

「でも、官邸が『事実誤認』と指摘して申し入れた辺野古に関する質問は、『赤土が広がっていた』という質問での指摘も正しいし、結局、政府側の主張の方が誤っていた話なんですよね」

「それはそうなんだけど……」

日常的に官邸側から望月記者への不満を聞かされるなかで、刷り込みがされ、相互に不満を高め合っていたことがうかがえる。

アンケートでは、東京新聞や望月記者に対する不満を吐露《とろ》する回答も多かったが、官邸での記者会見や取材に関して感じていることを尋ねた自由記述では、相互監視のなかで身動きがとれない官邸記者クラブ員の様子が浮き彫りになった。

興味深かったのは「長官会見で期待されている役割」について、「読者・視聴者から」と「会社から」に分けて聞いた設問への答えだ。

《読者・視聴者からどのような役割を最も期待されていると思いますか》

- 権力の監視　41・9％

●政府の公式見解の確認　45・2％
●速報　3・2％
●その他　9・7％

《会社からどのような役割を最も期待されていると思いますか》
●権力の監視　25・8％
●政府の公式見解の確認　51・6％
●メモ起こし（会見録作成）　6・5％
●取材先との信頼関係構築　3・2％
●速報　3・2％
●その他　9・7％

「読者・視聴者からの期待」は、権力監視と政府の公式見解の確認が拮抗《きっこう》しているが、「会社からの期待」では権力監視が落ち込み、「メモ起こし」や「取材先との信頼関係構築」といった回答まで出ていた。こうした両者からの期待の間をとるように、「あなた自身は長官会見で、どのような役割を最も重視していますか」と尋ねた設問への回答は次のようになった。

- 権力の監視　35・5％
- 政府の公式見解の確認　41・9％
- 速報　6・5％
- 日々の情報蓄積　6・5％
- その他　9・7％

また、「官邸取材で体験したこと・見聞きした項目」を尋ねた設問では、「事前通告のない質問を記者会見でして官邸側から文句を言われた」「夜回りなどのオフレコ取材で官邸側から特定の記者だけを排除するよう言われた」という回答がそれぞれ7人に上り、「官邸側から他の政治家、官僚などの発言内容を教えるよう求められた」「官邸側から記者の和を乱すことをとがめられた」という回答も2人ずついた。自由記述の欄には、「官邸と内部で繋《つな》がっている社がある以上、記者会では動けない。まずは権力寄りのメディアの記者の意識をともにしなければならない」「官房長官の夜回りでは、携帯電話やICレコーダーを事前に回収袋に入れて、忠誠を誓っている。非常に息苦しい」という意見まで綴られていた。

いずれも近年の政治取材の現場でささやかれていた話だ。

例えば、安倍首相のぶら下がり取材で厳しい質問をぶつけた記者に対して、安倍首相の側近はその質問をした記者がいると無視し、各社の夜回りに応じない対応をとった。「連帯責任」を求めてくるのだ。そうして、周囲の記者が困り果て、「君がいるとみんなが取材にならない。取材内容は後で教えるから来ないでほしい」と言い出す事件もあった。

アンケートの自由記述からは、「会社」と「読者・視聴者」が求めていることのずれを感じながら、相互監視が進む息苦しい官邸取材のなかで、自分の果たすべき役割に葛藤している状況が浮かび上がった。

- 「官邸担当は過度な重要度を背負わされ、政権中枢から情報を取ることがメインの仕事として求められている。それぞれの社全体でジャーナリズムを守る覚悟を決めない限り、望月氏の独り相撲という構図は変えられない。官邸記者が望月氏と同様の振る舞いをして、社からどんな扱いを受けるかよく考えるべきだ。苦々しい思いをしながら、件《くだん》の申し入れを読んだ官邸記者がどれだけいたか。変革を求められるのは、現場記者より、編集権者だ」

- 「望月記者の件は突出しているものの、権力監視のあり方が揺らいでいるのは間違い ない。この解決を望月記者の件に依存して論じると、状況の悪化を加速させることになりかねない。本質的な議論をすべきだ」
- 「長官の記者会見で、番記者以外が質問すると官邸側が極端にいやがり、結果として番記者のオフ取材に影響が出ることが懸念される。このような事態をどうにか打破しないといけない。情報を取れなくなるのは恐ろしいが、このままではメディアとしての役割を果たせなくなるのではないか。会社にも危機感を持って欲しい」

この結果を踏まえた19年6月のシンポジウムで、官邸記者クラブに在籍していた経験のある毎日新聞の与良正男・専門編集委員は「（現場の記者の）本音、悩み、苦しみは僕にもわかる」と語った。記者会見など公の場で質問せず、単独で取材する方が評価される風潮が背景にあると解説し、自由記述にある「自身に責任を負わせないで欲しい」といった現場の声について「企業に属した記者・ジャーナリストの難しさがあると想像する」と分析した。そのうえで、30年間政治記者を務めてきた経験を振り返り、「社の方針と現場の記者の考えが違う時はどうするべきか。記者の考えに会社（の考え）を合わせてやるくらいの気持ちが必要だ」と主張した。

一方、ロイター通信の勤務を経て、メディア研究をしている林香里《かおり》・東京大大学院教授は、相互監視のなか、多くの記者が自らの行動の基準を「社」としていることに注目し、官邸記者クラブを「閉ざされた部族社会」と表現した。

「番記者制度や夜討ち朝駆けの取材手法が、政治家の情報の出し方を甘やかしてきた」と分析し、「ＩＣレコーダー回収などの実態をどう思うか」と問われると、失望を隠さなかった。

「ジャーナリズム研究をしていて、２０１９年になっても記者クラブの話を聞かれる。全然先に議論が進まない。この『部族社会』は独特な文化があって外からは見えない。なんとなく噂《うわさ》を聞いてエピソードを集め、それを繰り返して30年。それが嫌になっている」

「小宇宙の中での良い記者のイメージがどんどん閉じこもってしまっている。政治の事情通の人が良い記者ということになっている。しかし、世の中が求めているイメージは全然違う。社会が求めている今日の記者の素養は何か、立ち返ってほしい。官邸はそういったところに敏感で、メディアを制限したり分断したりしているが、記者は自分たちの規範や理念を、社会を通じて振り返るべきではないか」

「桜を見る会」で噴き出した政治部批判

「#募ってはいるが募集はしていない」——。

2020年1月末、ツイッターのトレンドワードに珍妙な国会答弁が浮上した。

きっかけは1月28日の衆院予算委員会。国の税金を使って歴代首相が毎年開いてきた「桜を見る会」の招待客が安倍政権になって急増した問題で、安倍首相が「幅広く募っている認識だった。募集している認識ではなかった」と答弁したからだ。首相はそれまで「招待者のとりまとめなどには関与していない」と主張していたが、コピーを使って家族や知人も参加を申し込めることが明記された安倍事務所作成の文書を突きつけられ、その破綻《はたん》した嘘を隠すための強弁だった。

招待者名簿は国会議員から照会があった直後にシュレッダーにかけられた。安倍首相名の招待状がオーナー商法の勧誘に使われていた問題が出ても、安倍首相は「個々の招待者やその推薦元は、個人情報であるため、招待されたかどうかも含めて、回答を差し控えている」。野党議員から「自分で招待されたと言っている。個人情報なんて理屈にならない」と追及されても、「個々人の言動を踏まえて、政府として明らかにすることは考えていない」と繰り返した。国会答弁や、公文書管理法・情報公開法の規範が崩れていった。

政治資金規正法違反の疑いも浮上した。安倍首相の後援会員ら約800人が参加する「桜を見る会前夜祭」の費用が政治資金収支報告書に計上されていなかったからだ。

「事務所の職員が集金し、ホテル側に渡しており、主催の後援会には収支はない」「政治資金収支報告書に夕食会を記載する必要はない」

安倍首相は記載していないことを正当化するために、ホテルとの契約主体は「参加者個人」という主張を続けた。

「この総理の理屈が通用するのなら、日本中の全ての自治体議員、国会議員が行う後援会の親睦会などは、たとえ何千人であっても、総理と同じやり方、『安倍方式』で、ホテルの領収書を一人一人に渡してやれば、収支報告書に不記載でも違法ではないということですね。総理、ここで、もう日本中の自治体議員も国会議員もやってもオーケーですよと、太鼓判を押してください」

「安倍方式」と皮肉りながら、逆説的に脱法行為を浮き彫りにしようとした野党議員の質問に安倍首相はこう答弁した。

「私の事務所の職員は、夕食会参加者とホテル側との間の参加費のやりとりを仲介したものの、ホテル側との契約の当事者はあくまでも個々の参加者であり、領収書の写し等の提出をホテル側に求めることは困難でございますが、まさに領収書をお渡しをしているわけでございまして、そういう意味におきましては、同じ形式であれば問題ないということであると私は考えております」

自身の疑惑への弁明にあわせるようにして、政治資金規正法を骨抜きにしてしまった。

刑事告発の動きも出るなか、安倍政権は1月31日、法務省官房長や法務事務次官として安倍政権を支えてきた黒川弘務・東京高検検事長の定年を半年間、延長することを閣議決定した。安倍政権になってから、小渕優子・元経済産業相や甘利明・元経済再生相らの「政治とカネ」にまつわる事件や疑惑が相次いで発覚したが、政治家本人はいずれも不起訴に。森友学園をめぐる公文書改ざん問題でも財務省幹部らが不起訴になった。黒川氏は自民党内からも「官邸の門番」とささやかれており、その黒川氏を次期検事総長に据える目的とみられた。

検察庁法で定められた検察官の定年を延長したのは初めてで、国家公務員法の規定が使われた。その延長規定が過去の政府答弁で、検察官は対象外になっていたことが明らかになると、安倍首相が「解釈変更を行った」と強弁。その決定プロセスを明確に裏付ける日付入りの文書もない「口頭決裁」だった。日本の中枢から「法治主義」すら崩れていく危機的な状況に陥った。

菅官房長官も記者会見で、詳細について「法務省にお尋ねいただきたい」と繰り返し、明らかにしない。そうした事態を見かねたように、過去の記者会見の動画がネット上で拡散した。

17年8月8日。安倍政権が森友・加計学園問題で「記録にない」「記憶にない」という強弁を重ねていた頃のやりとりだ。「歴代の保守政治家は歴史の検証に耐えられるように、公文書の管理に力を入れてきた。ある政治家は『政府があらゆる記録を克明に残すのは当然で、議事録は最も基本的な資料。その作成を怠ったことは国民への背信行為』と記している。そのことを本に記していた政治家は誰かわかりますか」と記者が尋ねた。

菅官房長官　知りません。

記者　官房長官の著作に書かれている。２０１２年に記したその見解と、いま政府で現状起きていることを照らしあわせて、忸怩《じくじ》たる思いはないのですか。

菅官房長官が野党時代の12年3月に出した『政治家の覚悟』には、東日本大震災発生時の政府の会議で議事録が残されていなかった問題（問題発覚後に復元）に触れ、〈千年に一度という大災害に対して政府がどう考え、いかに対応したかを検証し、教訓を得るために、政府があらゆる記録を克明に残すのは当然で、議事録は最も基本的な資料です。その作成を怠ったことは国民への背信行為であり、歴史的な危機に対処していることへの民主党政権の意識の薄さ、国家を運営しているという責任感のなさが如実に現れています〉と書いていたからだ。

菅官房長官は会見後に激怒し、しばらく番記者の取材にも応じなくなったとされる。質問したのは私だ。「桜を見る会」をめぐって深まる日本政治の規範の崩壊に、「官邸はあの時にしっかり反省していればよかったのに……」と感じる。

しかし、「桜を見る会」をめぐっては、メディア側も厳しく問われることになった。

各社の政治部の記者たちは、安倍政権になってからの7年あまりで倍近くに参加者がふくれあがった状況や、ホテルで後援会員らを集めた「前夜祭」を目の当たりにしてきたにもかかわらず、その問題点を指摘することはほとんどなかった。

共産党の田村智子参院議員の予算委員会でのやりとりがネット上で話題になり、各社も追いかけるように疑惑の追及を始めたが、その矢先に不信感を招く「事件」が起きた。19年11月20日の夜、安倍首相と、新聞・通信社・TVの官邸記者クラブキャップがそろって「懇談」の名で会食したからだ。

官邸周辺の中華料理店で行われた懇談は1人6千円の会費制だ。安倍首相におごられたものではない。毎年2回ほど定期的に行われているもので、毎日新聞を除く社は、通常どおり参加した。疑惑の渦中にいる安倍首相やその側近が、どんな表情で、何を語るのか。その場で質問したり、観察したりしたい気持ちはわかる。しかし、この時点で官邸記者クラブは、安倍首相に「記者会見」という公の場での説明を求める要請を正式に行っていなかった。それにもかかわらず、「記事にしないこと」が前提のオフレコの懇談を優先したことは、外から「なれあい」と映った。

この懇談が載った「首相動静」が流れると、私のもとにも次々と全国の記者からの連絡が押し寄せた。

「疑惑の最中に呼び出されて飯とか喰ったら飼い慣らされているように見えるのが、なんで社の上層部はわかんないのか？　ほんと、ふざけるな！」

「オフレコの会食の誘いなんか断固拒否し、『会見を開け』と要求するのがスジだ」

「現場の記者は、首相を取り巻く秘書官ににらまれながらも質問をぶつけ、疑惑を説明させようと必死にやっているときに、よりによってキャップがそろって懇談するなんて本当に泣けてくる」

「権力機構が腐っているときに、ジャーナリズムまで信用を失ってしまったらこの国は終わる。何だかもうやりきれない」

政治部記者からもあった。なかには悔し涙を流している記者もいた。

〈この懇談は市民とメディアの間をまたもや引き裂いた。市民に信頼される報道を目指して頑張っている記者の心を折れさせていくメディアの上層部の意識って何なんだ〉

私は翌21日夜、「#私たちこのままでいいんですか」と添えて、ツイートした。

市民からは、疑惑を抱える安倍首相との会食に参加したメディアは「共犯関係」に映っていた。

日程を設定するのは官邸側だ。おそらくこのタイミングでの会食設定は、市民の不信感をかき立て、メディアの力を弱めようとする狙いがあったのだろう。その術中にはまってしまった。

なぜ会食をするのか

安倍首相の「懇談」は続いた。

12月17日夜には、首相の動静を追いかけ、「総理番」と呼ばれる各社の若手記者を対象にした懇談が東京・神田小川町の居酒屋で開催された。会費は4500円。毎日新聞と東京新聞は参加しなかった。

年が明けても、2020年1月10日に東京・京橋の日本料理店で各社のベテラン政治記者ら7人で安倍首相を囲んだ。

政治ジャーナリストの田崎史郎氏（元・時事通信解説委員長）のほか、曽我豪《たけし》・朝日新聞編集委員、山田孝男・毎日新聞特別編集委員、小田尚《たかし》・読売新聞東京本社調査研究本部客員研究員、島田敏男・NHK名古屋拠点放送局長、粕谷賢之《たかゆき》・日本テレビ取締役執行役員、石川一郎・テレビ東京ホールディングス専務取締役が参加していた。

官邸記者クラブとの懇談を欠席していた毎日新聞の参加者もいたことで、ネット上では「毎日が頑張っているので購読を始めたが、毎日も参加していることを知り解約した」と失望の連鎖が広がった。そうしたなか、1月24日付の朝日新聞朝刊にある読者投稿が載った。

兵庫県の76歳の女性は「記者の基本的な姿勢に対して読者に疑問を抱かせる。私はダメだと思う」と指摘したうえで、同月12日付のコラム「日曜に想う」で懇談の話題に触れなかった曽我編集委員にこう呼びかけた。

〈自民党総裁4選を辞さないのか、任期満了までに改憲の道筋をどう描くのか。夕食をともにしながら、曽我編集委員はどんな感触を得たのだろう。なぜ、首相との会食が必要なのか。費用の負担はどうなっているのか。そして、どんな話をしたのか。読者として知りたい。「日曜に想う」でぜひ書いてほしい。曽我編集委員、期待しています〉

しかし、その後も「日曜に想う」で安倍首相との会食に触れられることはなかった。その場の会話を書かないことが前提になっているからだ。

メディア関係者と首相の会食は、安倍政権になって始まったことではない。保守、リベラル問わず、脈々と続けられてきた。

「食事をともにする」ことについて、ドイツの社会学者であるゲオルク・ジンメルは、人間にとって「社会」を生み出す根源的な相互行為である、と『食事の社会学』で論じている。日本マス・コミュニケーション学会が20年6月に計画していたワークショップ（新型コロナの影響で延期）の提案文書では、この一節を引きながら、「たしかに、メディア関係者たちが首相と会食することは、両者の相互作用を通して政治とメディアが交わる独特の価値界（フィールド）を生み出します。いま、海外でも、政治とメインストリーム・メディアの『癒着』が一般大衆の反感を買い、近年のメディア不信とポピュリズムの源泉となっていると指摘されています。日本でも同様に、こうした『癒着』はメディア関係者の偽善性を象徴するものとして、メディアの信頼に影を落としています。しかし、このような世論の反発があるにもかかわらず、メディア・エリートの側は、なぜわざわざ首相と食事をともにするのでしょうか」と問題提起。首相との懇談について、「日本のメディア・エリートたちにとって、業界トップにのぼりつめたことを意味する象徴的儀式のようにも見てとれます」と指摘していた。

朝日新聞は首相との会食問題を検証する記事を2月14日付の朝刊に掲載。「独善に陥らず適正な批判をするには直接取材が不可欠だ。権力者が何を考えているのか記事ににじませようと考えている」と主張する曽我編集委員のコメントを紹介した。

官邸担当の政治部デスクは同じ記事のなかで、「間近で肉声を聞く、葛藤しつつ取材尽くすため」と題して、次のように理解を求めた。

〈政治記者とは矛盾をはらんだ存在だと思います。政治家に肉薄してより深い情報をとることを求められる一方、権力者である政治家に対しての懐疑を常に意識せねばなりません。厳しい記事を書けば、当然取材先は口が重くなる。しかし、都合の良いことばかり書くのは太鼓持ちであって新聞記者とは言えません。また、取材の積み上げがなければ記事は説得力を持ちません。政治記者が葛藤を抱えつつも重ねた取材結果が、朝日新聞には反映されています。

政治家と時に会食することに、少なくない人々が疑いのまなざしを向けています。取り込まれているのではないかという不信だと思います。官邸クラブの記者が首相との会食に参加したことへのご批判はその象徴だと受け止めています。

私自身、かつて官邸キャップとして内閣記者会と首相の会食に参加しました。オフレコで直接の記事化はできないルールであっても、間近に顔を見て話を聞くことで、関心のありかや考え方など伝わってくるものがありました。

今回の首相との会食への参加には、社内でも議論がありました。桜を見る会をめぐる首相の公私混同を批判しているさなかです。しかし、私たちは機会がある以上、出席して首相の肉声を聞くことを選びました。厳しく書き続けるためにも、取材を尽くすことが必要だと考えたからです。取り込まれることはありません。そのことは記事を通じて証明していきます〉

これを書いたデスクは、官邸記者クラブのキャップを務めた時代にも、安倍官邸に与《くみ》することなく厳しく対峙《たいじ》してきた人である。この説明は痛いほどわかる。

自分自身が政治部記者として参加してきた様々な会食を思い浮かべた。

私的な領域である食事をともにすることを通じて、取材相手が「公」の仮面を脱ぐ。永田町を生き抜く相手の本音を探ろうとしてきた。特に、国会周辺の取材では取材相手も分刻みのスケジュールで動いているため、まとまって話ができる会食は、貴重な取材の場になっていた。複数の番記者で囲む会食も多い。深夜のオフレコ懇談の席で、政権幹部間の重要なやりとりが明かされることも少なくなく、その懇談を設定したり、あるいはその懇談の枠組みから外されたりしないようにすることが、政治部記者として生きていくうえで求められる資質の一つだった。

「南さんがいると、厳しいことを言って、相手の機嫌が悪くなる」

ある時、同じ政治家の番記者に陰口をささやかれたことがあった。「相手」の政治家とは、1対1で話している時に普通に情報を聞いていたから、ほかの政治記者から伝えられた時に笑って受け流したが、もし陰口をささやいていた記者が懇談を設定していたら、その枠組みから外されていたのだろう。「懇談」というものが、同調圧力を生む要因になっていく。公人の匿名発言を助長し、責任を希薄化する側面もあり、記者会見の形骸化にもつながっている。

「参院のドン」と呼ばれた自民党重鎮の番記者を務めていたころだ。

私はこの政治家の地元での取材を重ねた連載を執筆しており、その原稿のなかで、「身内へ受け継がせる環境が整うまで、一代でつかみ取った政治家という『家業』を簡単に手放すわけにはいかないのだ」と書いた。表向き世襲を否定していたが、のちに起きた長男への世襲を予言する内容だった。すると、ほどなくして先輩の政治記者とこの重鎮の会食に呼ばれた。

「まあ、あんまり下品なことは書かないもんだよな」

会話の途中で、先輩記者がつぶやいた。政治家本人は何も言わない。その後も連載は続いたが、懇談を中心とする政治取材文化について深く考えさせられる出来事だった。

「解散はいつですか」

2019年6月17日、渡邉恒雄・読売新聞グループ本社主筆が東京・飯田橋の日本料理店で安倍首相と約2時間、会食した。直後の「週刊東洋経済」編集長のインタビューにこう語っている。

〈僕が政治記者になったのは吉田内閣のとき。今日に至るまで政治記者一筋だと思っているが、政治記者にとって、こんなに楽で怠けていられる時代はなかったね。だから今の政治記者はほうっておけばダメになるんじゃないかね。苦労してないから〉

〈政治の緊張感もないし、政治記者だってそう。今は朝駆けをやる必要がないね。僕らのときは、朝6時に起きて政治家の家に行きました。お客の来る前から行って、夜は遅く帰ってくるのを待っていましたよ。今は、もうそんなことする必要ないんじゃないか。だって何も起きない。特ダネを、政治ダネを抜いた、抜かれたっていうことが、今の政治では起きない。つまり、今の政治には政局がない〉

（週刊東洋経済オンライン「ナベツネ激白『政治と新聞の未来』」）

安倍首相との懇談の中身について聞かれた渡邉氏は、「解散とか景気の話、いろいろ聞こうと思ったら、会うやいなやおじいさん、お父さんの話になっちゃってさ」「気がついたら2時間たっていた。解散も何も聞くのを忘れちゃったよ」と「解散」という言葉を2度繰り返した。

「解散」とは、衆院解散・総選挙のことだ。国民の代表である衆院議員を首相の判断で失職させ、有権者に信を問う。この首相の判断で政治が大きく動き、全国の取材網も選挙態勢に切り替わる。この時期の見極めは、政治記者の最大の関心事で、そのスクープが政治記者の勲章とされてきた。

しかし、この取材が厄介《やっかい》なのは、常在戦場ということだ。衆院議員の任期4年のなかで、首相はいつ解散してもいい。政治記者になって、首相への取材機会でたびたび「解散」についての質問が出ることに「またか」と違和感を覚えたが、首相の政局判断を探る材料を積み上げていくことが政治部の大切な取材になっているのだ。政治学者の丸山眞男氏に「日本の政治取材は、政治部ではなくて政界部だ」と揶揄《やゆ》された状況はいまも続いている。

自民党の派閥に勢いがあったり、野党への政権交代の可能性が高まったりした時代には、それぞれの担当政治家に朝から晩まで張りつき、個々の記者が相手の機嫌を窺《うかが》いながら、懐《ふところ》に入りこんで情報を集めていても、政治権力が分散されていた。

しかし、平成の30年あまりをかけた政治・行政改革の末、安倍政権において官邸一極集中の政治が完成した。かつてのような大きな政局は起きない仕組みになっており、解散などの政局の主導権も官邸がほぼ握る。パワーゲームを重視した従来型の政治報道では、官邸の判断への依存を強めざるをえない。「野党がだらしない」「ポスト安倍もふがいない」という言説も、パワーゲーム重視の発想と重なりあっている。

〈東日本大震災から5年が過ぎた国会を歩いていて、日に何度思うだろう。片方は「この道しかない」「対案は？」と押し込め、もう片方は、負けが込んだ憂鬱《ゆううつ》さを漂わせつつ相手の欠点を訴えるしかない――なんて貧しい政治の議論だろうか。そして何より、自分自身も、干からびゆく国会の中で、政略の成り行きばかりに振り回されている。（中略）希望ある社会へのヒントを掘り起こしたいと、記者になった。今こそ原点に立ち返り、そんな言葉を紡いでいきたい〉

2016年5月、政治の議論のあり方を考えるインタビュー記事の編集後記に私はこう綴った。題材にしたのは、国会から電車で20分の距離にある東京・世田谷で芽生える住民参加型の政治だった。インタビュー後も国会での取材の合間を縫って、取材を重ねた。社民党国会議員だった保坂展人《のぶと》・世田谷区長がSNSで呼びかけた参加型の街づくりをめざしたワークショップに、学生や会社員、介護支援専門員、NPO法人理事長ら約50人が集まっている。中心は20代～40代前半だ。

「別に保坂さんの政党の支持者でも何でもないんですけど、みんな手弁当で街づくりに取り組んでいる感じに共感した。面白くしていきたい。これまで政治や行政は、何か困ったことがあれば、陳情書を書いてだれかに頼まないといけないと思っていたが、『観客からプレーヤーへ』のキャッチコピーを見て、『これだ！』と思ったんです」

こう発言した40歳の男性のように、これまで政治には関心がなかったという人がほとんどだったが、家族のあり方などが変化するなかで、どのように自分たちの街をつくっていくかという議論は、政治そのものだった。

保坂氏のブレーンを務めた宮台真司・東京都立大学教授は、「日本では政治に対して、『そんなところで参加して物を言うだけ無駄でしょ』と冷笑的、虚無的な感覚になっている。特に多くの国民はイデオロギー論争になると身を引く。発言者の所属集団や特有の文脈が反映され、『自分たちとは関係のない遠い人たちがやっていること』と感じるからだ」と指摘。そのうえで、「ワークショップなどで既存の政治コネクションがない人を取り込む意味は大きい。熟議を通じて、仲間意識も醸成され、参加することに意味があると思える政治風土をつくっていく」と語る。

そうした政治風土をつくっていく責任の一端は、政治報道にある。

「難しいことを易しく、易しいことを深く、深いことを面白く」

ワークショップを通じて、空き家を活用したコミュニティースペースが完成した時、そのお披露目パーティーで、参加者の一人が井上ひさしさんの言葉を口ずさんだ。

易しく、深く、面白く。大学時代にあこがれた朝日新聞編集委員（当時）・早野透《とおる》さんの「ポリティカにっぽん」はそうした要素を兼ね備えた異彩を放つコラムだった。いま、改めて思う。私たち政治記者は、みんなが参加したいと思える政治の議論をつくることができていただろうか。

監視の目を乗り越え

日本政府が韓国向け半導体材料の「輸出規制」に踏み切り、日韓両国の対立が激化した2019年7月24日。世耕弘成《ひろしげ》経済産業相（当時）はＮＨＫの取材を受けた直後、ツイッターでこうつぶやいた。

〈先刻当省玄関でＮＨＫがカメラを向け韓国意見書についてコメントを求めたので「精査中」と回答。ちょうどいい機会なので「ＮＨＫは輸出規制という言葉を使わず、今回の措置の正確な表現で、専門家の世界でも使われている『輸出管理』という言葉を使うべき」と指摘しておいた。報道で使われるだろうか？〉

輸出規制措置について、政権は対韓国のナショナリズムに期待しながらも、「自由貿易の原則をねじ曲げる措置」との批判は警戒。世耕氏は経済産業省記者クラブへの申し入れなどを衒《てら》いもなくほぼリアルタイムで発信。この日の朝には、「これだけ注意喚起しても、未《いま》だに（媒体によって差はあるものの）、多くの日本メディアが一連の問題について『輸出規制』という用語を使用していて残念です。正しくは『輸出管理』です」と主張し、次のように各社の報道ぶりをツイートした。

〈今朝の報道での各媒体の見出し等での用語使用状況をまとめると
朝日 日本による半導体素材などの対韓輸出規制強化をめぐり（※記事本文）
毎日 半導体材料輸出規制
読売 輸出管理 日本「協定違反ない」
産経 輸出厳格化 ＷＴＯで討議
日経 輸出規制巡りＷＴＯで議論へ
ＮＨＫ 韓国への輸出規制〉

その流れで、NHKの取材での指導を明かし、このツイートには1万7千以上のリツイートがされ、3万8千の「いいね」の賛同が集まった。NHKの報道はその後、「輸出管理強化」と変化していった。市民の「メディア不信」を追い風に、為政者はSNSも駆使しながら、メディアへの介入を強めている。

この世耕氏のツイッターにあらわれるのは、政治家・メディア・市民のトライアングルの変化であり、監視されるメディアの姿である。

新聞労連が19年10〜12月に実施した組合員アンケートでも、「記者の活動への誹謗《ひぼう》中傷などで不安・不満に感じていること」を尋ねると、「マスゴミと存在を否定されること」が36・8％と最も高く、「記者会見での質問の様子をネット上で監視・攻撃されること」が22・9％で続いた。現場の悲鳴があらわれている。

しかし、メディアの人間が忘れてはならないのは、この市民の目である。かつて「黒子」と言われた記者の取材行為まで可視化された環境のなかで信頼を勝ち得ていく方策を真剣に考えないといけない。その中心テーマに、政治取材で脈々と受け継がれてきた懇談取材がある。私も新聞労連の委員長になってからも「経営者と首相の会食は問題があるが、取材としての会食は割り勘であればいいのではないか」とインタビューで主張してきた。

しかし、市民は「懇談」という行為にメディアの偽善を感じ取っており、その不信はメディアの存立基盤を脅かしている。従来の原則と例外を逆転させないと、我々の取材や情報の信頼性を保つことができなくなっていると感じ始めている。

朝日新聞政治部記者からTBSのキャスターに転身したジャーナリストの故・筑紫哲也さんは生前、「自分で心がけてきたのは、何よりもジャーナリズムというのはウォッチ・ドッグ、監視、権力、力を持っている者に対する監視役が大事だということ。もう一つは、一つの流れにダーッと動きやすい傾向が強い社会の中で、いかに少数意見であろうと恐れないこと」と語っていた。

「ジャーナリストと政治家との線の引き方はとても難しい」とも吐露し、だからこそ、首相に手紙を書くのは就任時の1回という線を引いていた。つきあいの長かった小泉純一郎首相には、「これきりですよ」「こちらは権力を監視する側であるし、ですから、これから遠慮なくいろいろなことを言うときが来ると思います」と書いたという。

2007年に肺がんと宣告された後、亡くなるまでの1年間に「残日録」と題して、ノートに様々なことを書き付けていた。そのなかには、親しかった福田康夫首相への手紙もあった。そこにはこんな一文があった。

「目の前の相手とだけ闘論していると思わないで下さい」

メディアにいる私たちにとっても、目の前にいる取材先と向き合うことは、その先にいる読者・視聴者・市民のためであるということを投げかけているように感じられた。

コラム

本質に迫る質問ができているか――望月衣塑子さん（東京新聞記者）

新型コロナウイルスの影響を受けて、首相会見同様、（参加記者を）「1社1人」に制限することを官房長官側が要求してきた。私は4月9日以降、官房長官記者会見に出られなくなっている状況です。官邸側は今まで通り、1日2回の記者会見を続けるのであれば、質問時間の制約への協力を求めるかもしれないと言っている。いま（会見開始から）10分を超えるかどうかで、だいたい上村（秀紀）報道室長の質問制限が入っている。官邸側が（会見の条件を）どんどん狭めているのは、危ない状況と思う。本来は「ZOOM」を使った会見なども政府側が積極的に採り入れて、ネットでも質問を受け、（様々な記者からの質問に）答えられるような状況を模索してやっていかないといけないが、官邸はやれていない。

筑紫哲也さんが福田康夫首相（当時）にあてた手紙の中に、「秘訣は本当に怒らないこと」「目の前の相手とだけ闘論していると思わないで下さい」というのがあった。菅（義偉官房長官）さんや安倍（晋三首相）さんも結構怒っていますよね。逆に怒っている時にあの二人の本音が透けて見えると思う。記者側も、権力側が（情報を）隠そうとするなかで、その本質に迫っていくような、いまの市民や国民が疑念に感じていることにしっかり迫っていく質問をできているのか、声に出せない人たちの声をしっかり吸収して権力側と向き合っているのかをしっかり考え直さないといけない。

（記者クラブは）ほとんどのネットメディアやフリーランスが入れず、（質疑の）多様性を阻害している。官邸側ではなく、クラブの側にいる私たちが考えて変えていかないといけない。

（2020年5月3日　Ｃｈｏｏｓｅ ＴＶ「＃コロナ時代のメディア ～自由の気風を保つために～」での発言）

第3章
ボーイズクラブ

賭け麻雀

バニーの絵文字の入ったツイートが始まりだった。

〈1人でTwitterデモ　#検察庁法改正案に抗議します

右も左も関係ありません。犯罪が正しく裁かれない国で生きていきたくありません。この法律が通ったら「正義は勝つ」なんてセリフは過去のものになり、刑事ドラマも法廷ドラマも成立しません。絶対に通さないでください〉

2020年5月8日夜。広告制作の仕事をしている30代の女性会社員・笛美さんが、検察幹部の定年を特例で延長できるようにする検察庁法改正案に抗議するツイートをした。「#検察庁法改正案に抗議します」のハッシュタグは芸能人・著名人にも広まり、9日には500万件を超すうねりに。国会での数の力を背景に、成立に意欲を示していた安倍首相も同月18日夜、「国民の理解なくして前に進むことはできない」と通常国会での成立を断念。秋の臨時国会以降に先送りすることを表明した。

笛美さんのもとにはうねりが広がるなかで、「ハッシュタグのおかげで、今まで言えなかったことが言えた」などと感謝のメッセージが次々寄せられた。もともとは仕事一筋で政治に無関心な人生を送ってきたが、2年ほど前から日本で女性として生きるしんどさを感じてフェミニズムに興味を持つようになり、ツイッターでの発信を始めたという。激動の10日間を振り返り、自身のｎｏｔｅにこう綴った。

〈私はこれまで通りフェミニストとして、ジェンダーギャップ１２１位の日本でフェミニズムを当たり前にするために声を上げていきたいです。また１人の声を上げる人として、「1匹のウサギ」として、声を上げようとする人を応援する活動もしていきたいです。ＳＮＳのおかげで、誰だって声を上げていいし、声を上げれば周りの人が連帯してくれる時代になりました。次はあなたが声を上げる人になってください〉

（２０２０年5月19日「#検察庁法改正案に抗議します 激動の10日間と今後について」）

検察庁法改正案をめぐるもう一人の主役は、黒川弘務・東京高検検事長だ。安倍政権は同年1月、国家公務員法の規定を適用するという強引な勤務延長手続きによって、「安倍

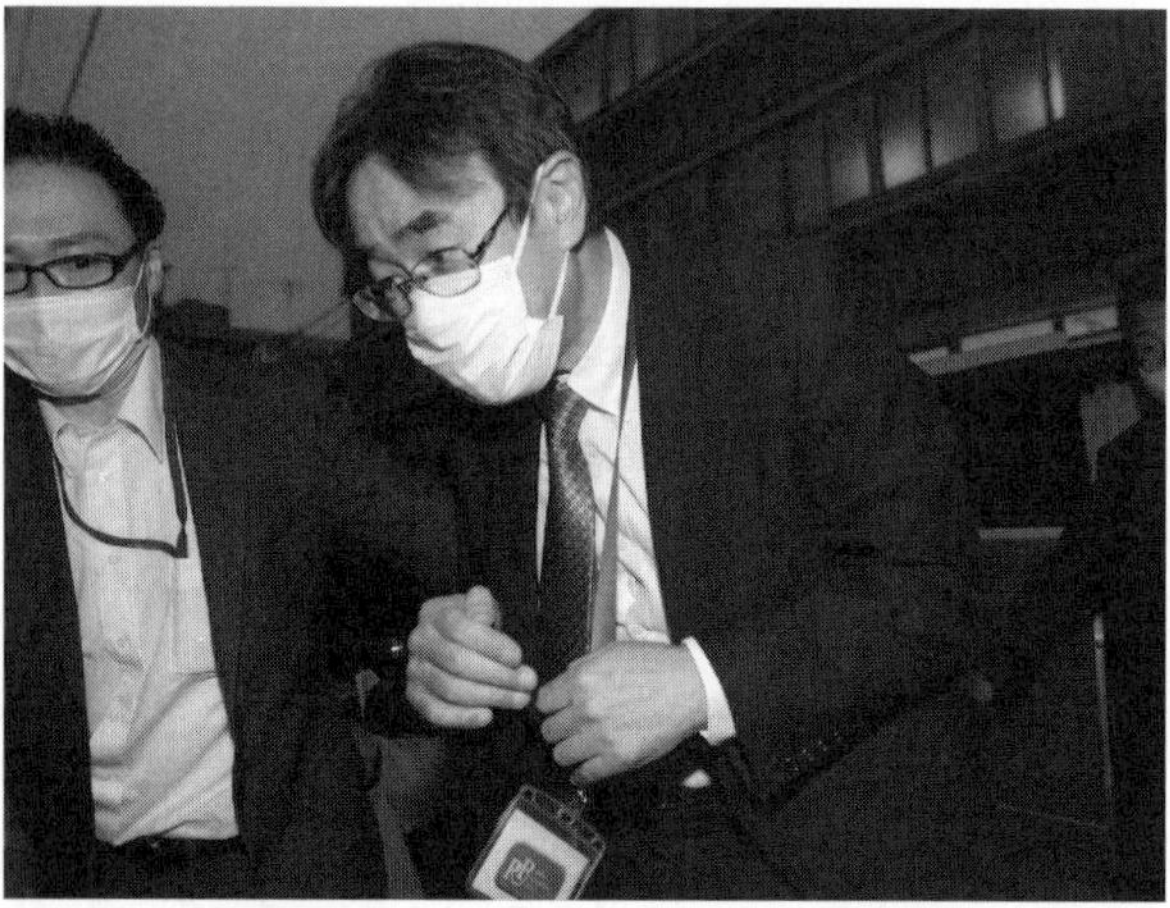
車から降りて無言で自宅に入る東京高検の黒川弘務検事長＝2020年5月21日、東京都内

官邸の守護神」ともいわれた黒川氏の検事総長就任に道を開いた。検察庁法改正案は、違法性が指摘されるこの手続きを後付けで正当化するものと見られていた。

その黒川氏をめぐって、5月20日、週刊文春オンラインが記事を配信した。

〈黒川弘務東京高検検事長　ステイホーム週間中に記者宅で〝3密〟「接待賭けマージャン」〉

法案審議のさなかの5月1日、黒川氏が都内のマンションで6時間以上、麻雀に興じていたという内容の報道だ。相手は産経新聞社会部記者2人と朝日新聞の元検察担当記者で、日付かわって午前2時ごろにマンションから出てきたメンバーはいずれも男性だった。

黒川氏とこの男性記者たちとの麻雀は5月13日夜も行われた。週刊文春では、「いつも黒川氏と連絡を取り合って日程調整をする記者も、さすがに時期的にマズイと思ったそうです。でも、黒川氏からやりたいと言われれば、当然断れない。『黒川さんがすごくやりたがっているから、仕方ないんだ』とボヤいていました」という産経関係者の発言が紹介されていた。

体育会系などで顕著に見られる男性同士の緊密な絆《きずな》でお互いを認め合っている集団を「ボーイズクラブ」という。

秘密を共有し合う男性たちの麻雀はその典型だった。

男女格差121位

世界経済フォーラムが2019年12月に発表した同年の「男女格差（ジェンダーギャップ）報告書」で、日本の順位は153カ国中121位で過去最低だった。安倍政権が「女性活躍」を掲げてきたが、同年1月時点の衆院議員で女性が10・1％、閣僚は19人中1人

(5・3%)しかいないことが響き、男女格差の指数が前年の66・2%から65・2%に後退。主要7カ国(G7)では最下位になった。

記者会見で結果を問われた自民党の二階俊博幹事長は「いまさら別に驚いているわけでも何でもない」としたうえで、「徐々に理想的な形に直すというか、取り組むことが大事だ」と述べるにとどめた。男女の候補者を均等にするよう政党に求める候補者男女均等法(パリテ法)ができたが、施行後初めての国政選挙となった19年7月の参院選で、自民党の女性候補割合は15%だった。財務事務次官のセクシュアルハラスメント問題が起きた直後、麻生太郎副総理が「男の番(記者)に替えればいいだけじゃないか」「次官の番(記者)をみんな男にすれば解決する話なんだよ」と周囲に語ったと報じられ、批判を浴びた。ただ、こうした日本政治の遅れたジェンダー意識を支えているのは、監視する側のメディアにも原因がある。

1990年から国政選挙のたびに日本記者クラブが主催している党首討論会。過去10年の司会と代表質問者の性別は次の通りだ。

【2010年6月22日(参院選)】

司会：女性（ＴＢＳ）
代表質問：男性（日本経済新聞）、男性（ＮＨＫ）、男性（読売新聞）、男性（毎日新聞）、男性（朝日新聞）
【２０１２年11月30日（衆院選）】
総合司会：女性（ＴＢＳ）　第一部司会：男性（ＮＨＫ）
代表質問：男性（日本経済新聞）、男性（毎日新聞）、男性（読売新聞）、男性（朝日新聞）
【２０１３年７月３日（参院選）】
総合司会：女性（日本テレビ）　第一部司会：男性（ＮＨＫ）
代表質問：男性（読売新聞）、男性（朝日新聞）、男性（毎日新聞）、男性（日本経済新聞）
【２０１４年12月１日（衆院選）】
総合司会：女性（ＴＢＳ）　第一部司会：男性（ＮＨＫ）
代表質問：男性（読売新聞）、男性（朝日新聞）、男性（毎日新聞）、男性（日本経済新聞）
【２０１６年６月21日（参院選）】
司会：女性（日本テレビ）、男性（ＮＨＫ）
代表質問：男性（読売新聞）、男性（朝日新聞）、男性（毎日新聞）、男性（日本経済新聞）

【2017年10月8日（衆院選）】
総合司会：女性（TBS）　第一部司会：男性（NHK）
代表質問：男性（読売新聞）、男性（朝日新聞）、男性（毎日新聞）、男性（日本経済新聞）
【2019年7月3日（参院選）】
総合司会：女性（日本テレビ）　第一部司会：男性（NHK）
代表質問：男性（読売新聞）、男性（朝日新聞）、女性（毎日新聞）、男性（日本経済新聞）

「第一部司会」は代表質問者だ。つまり、記者クラブを代表して質疑を行う記者は男性、司会は女性という枠組みが続いてきており、2019年にようやく質問者に女性が1人入った。ジェンダーギャップ指数121位の日本社会を投影するような性別分業だ。

新型コロナウイルスに関する緊急事態宣言の発出を宣言した20年4月7日の安倍首相の記者会見でも、政治部の官邸記者クラブのキャップが主に参加していたが、質問した12人のうち女性は2人。うち1人はフリーランスだった。

日本テレビの女性記者からドメスティック・バイオレンス（DV）や児童虐待に関する質問は出たが、安倍首相は「国内においてまだそういう兆候が出ているということを、私は、報告は今、受けておりません」と答弁した。実際には、学校の休校や外出自粛の影響でDVや児童虐待の問題が深刻化していることを訴え、その対策を求める「全国女性シェルターネット」の要望書が3月30日に安倍首相らに提出されていた。その要望書のなかには、「夫が在宅ワークになり、子どもも休校となったため、ストレスがたまり、夫が家族に身体的な暴力を振るうようになった」「かねてからDVで母子で家を出ようと準備していたが、自営業の夫が仕事がなくずっと在宅し、家族を監視したりするようになったので、避難が難しくなり、絶望している」など、切実な声が記されていた。首相の答弁はそうした課題が政治の中枢で議論されていない証だった。

日本マスコミ文化情報労組会議は3月6日、メディア業界における女性管理職比率の調査結果を初めて公表した。

新聞・通信社は現在、新入社員ベースではほぼ男女半々になっているが、女性管理職は平均6・4%。38社中30社で1割未満。1人もいない社が6社あった。デスクやキャップなど社内で指導・教育的立場にある従業員を含む「広義の管理職」でみても、回答した35社中25社で女性が1割未満にとどまった。テレビ局も、在京・在阪のテレビ局には、報道部門、制作部門、情報制作部門に女性管理職（局長相当）は1人もいなかった。

「2020年までに指導的地位に女性が占める割合を少なくとも30％程度とする」という政府目標にほど遠い状況で、新聞・通信・テレビともに「女性役員ゼロ」の社が多数を占めた。圧倒的に男性優位で意思決定が行われているのである。

「性差別ある」6割

財務事務次官のセクシュアルハラスメント事件が起きた直後の2018年5月、「メディアで働く女性ネットワーク（WiMN）」が結成された。WiMNが20年2月に刊行した『マスコミ・セクハラ白書』は、ジェンダーギャップ指数121位に低迷する日本社会の意識を支えるメディア業界のゆがみを、当事者として告発した一冊だ。

例えば、人権や差別について日頃説いている新聞社の論説委員室。

男性多数の中で、女性や子ども、生活者としての視点で取材し、問題提起をしていた女性がある日、腰をつかんできた上司に「それって、セクハラですよ！」と声を上げた後、パワハラが始まる。上司は一読もせず、「偏っている」「俺にはあんたの書いてるような話はわからん」と言って、原稿を使わなくなった。セクシュアルハラスメントを軽く見なす上司や男性記者たちの言動。「女だから取れたネタでしょ」と女性記者を対等に見ない性差別。そうした環境に置かれ、女性たちは自尊心が削られていく――。新聞、テレビ、ネットメディアなどで働く約30人の女性が体験を赤裸々に綴っている。

新聞労連が19年10～12月に実施した組合員アンケートでも、メディアで働くうえでの性差別が顕著になった。このなかで、「賃金・待遇や働く上で、性別による差別があると感じますか?」と尋ねたところ、「とてもある」「どちらかと言えばある」と回答した女性が計60・5％に上っていたのだ。男性は計40・7％。特に「とてもある」という回答は、女性の21・5％に対し、男性は7・9％で3倍近い差があったのだ。

男性が意思決定の場を独占している状態が、女性の6割が「性差別がある」と回答する結果につながっている。「ある」と答えた人を対象に「差別と感じる内容」を尋ねたところ、女性では「男女によって昇進のスピードが異なる」が54・1％で最も高かった。自由記述では「政治部・経済部などの昔ながらの本流の領域は男性記者、教育や子育て、福祉、生活、ジェンダーなどの領域は女性記者の担当となることが多い」という趣旨の意見が目立った。

女性管理職が少ないことが仕事に及ぼしている影響について聞いた質問では、女性からはロールモデルがいないことや、育児との両立への理解のなさから、「将来のキャリアに不安を持っている」という意見が多く寄せられた。男性からは「特になし」「影響は感じない」という意見も散見されたが、「男性育休取得への無理解」「子育て世代の共働き世帯への考慮がない」という回答もあった。共働き世帯が日本全体で3分の2を占めるなか、ジェンダーバランスのゆがみは男女双方に息苦しさを生んでいた。

また、「家事・育児・介護を経験している多くの市民であれば当たり前の常識をまったく知らない人たちばかりでつくっている」「時間制約なく働ける人たちでつくった評価軸であるため、読まれなくなっている原因になっている」など、報道内容そのものに影響しているという声も男女双方から上がった。

特に女性からは「デスクやキャップが全員男性で、たとえばジェンダーやセクシュアリティーのテーマで原稿を出す前から分かってもらえるかどうか不安になりモチベーションが上がらない」「女性の視点では重要な事案がデスクの目に止まらない」といった意見が多かった。

声を上げる女性の抑圧

過去3年間のハラスメント被害を尋ねたところ、「経験した」と回答した人は、女性が

58・4％、男性が28・9％。男女で2倍の差があった。女性はセクシュアルハラスメントに関する被害が圧倒的に多く、「性的関係を求められた」という回答が13・3％もあった。具体的には、取材先からの被害も多く、駆け出しの新人記者を狙うなど、警察官が加害者になるケースが目立った。「記者1年目の送別会で警察幹部から抱きつかれ、キスされた」「官舎で一緒に年越ししようと言われた」などの回答があった。「飲み会の帰りに、政治家から太ももや胸を触られた」「出張先で取材相手から性的関係を迫られ、『もう取材を受けない』と脅された」など、自治体の幹部・職員や政治家などのケースもあった。

財務事務次官の問題以降、「自分たちが我慢してきたことによって次の世代に被害を生んでいる」と被害をきちんと訴えようとする動きが出ているが、相談したことによって不利益になるという現状が厳然として立ちはだかる。日本マスコミ文化情報労組会議が2018年・19年に主にメディア関係者を対象に実施したセクシュアルハラスメントに関するアンケートでは、被害者の約7割が相談すらできず泣き寝入りしていた。調査や処分が加害者に甘く、逆に被害者が「面倒な人」「ヒステリー」と社内でたたかれたり、好奇の目にさらされたりする状況が指摘された。

権力とメディアの男性たちが緊密な絆で結びつき、声を上げようとする女性を抑圧する。

19年3月の国際女性デーに合わせて、メディア業界にはびこる根深い女性蔑視《べっし》の構造を浮き彫りにする座談会を「週刊金曜日」が掲載した。

〈**50代地方紙記者**　どの記事が良かったと「承認」するのは男たち。（中略）「俺たちにも共感させる記事じゃないとダメ」ってよく言うじゃないですか。じゃあ女たちが共感できるものを男たちが書いているかと言えば別に書いてない。非対称的です。

40代全国紙記者　ジャーナリズムは男が「主流」で、言わずもがなのシステムができあがっていてお互いに承認しあう。まるで「ボーイズクラブ」。（中略）記者クラブも権力側と同じ体質を持っていると思う。

50代地方紙記者　記者クラブも権力だから。『東京新聞』の望月衣塑子記者が排除されたのは、「ボーイズクラブ」的価値観を逸脱する女性の記者だということが強く関係していると思っています。

40代全国紙記者　物事の意思決定の場にいるのが男だから、権力側の政治家や官僚も男社会、反権力を謳《うた》うジャーナリストの集団も男社会。ボーイズ対ボーイズになっている。『東京新聞』の望月衣塑子記者への質問妨害を見て見ぬふりをする一連の行動はまさに「ボーイズクラブ」たる記者クラブの弊害を物語っています。
何を訊《き》いて何を訊かないか暗黙の了解で運営されている記者クラブの中に、望月さんみたいな人間が入ってくると調和が乱れる。戦前、戦中から続く権力と記者の持ちつ持たれつの関係を打ち崩す、非常に危ない存在がやってきたと。彼女は見聞きしたことを正直に語る可能性があるので、そこが権力も記者クラブに安住する記者も目障りなのでしょう〉
（「週刊金曜日」2019年3月8日号・15日号「女性記者たちのメディアウォッチ『オレ様ジャーナリズム』にNO！」）

男性中心で築かれたメディアの慣行は、賭け麻雀からセクシュアルハラスメント、形骸化する記者会見や質問制限まで通じるものだった。

意思決定の場に女性を

全国の職場の声を受け止める新聞労連の中央執行委員会（役員会）も長年、ほぼ男性だけで、意思決定の場に女性が加わっていない状態が続いていた。そうしたなか、2018

年4月に財務事務次官によるセクシュアルハラスメント問題が発生。新聞労連は同年7月の定期大会で「可能な組合から、労組役員の女性比率を3割以上にすることをめざす」という運動方針を打ち出した。その後、実際に役員構成が変わる原動力になったのは、同年12月5日に寄せられた「新聞業界の未来に向けた提言書」と題する意見書だ。

〈この春には記者を取り巻くセクシュアルハラスメントの問題が明らかになりました。セクハラをはじめとするハラスメントや育児・介護との両立など、女性の組合員が直面しがちな問題も山積しています。女性が組合の意思決定の場に増え、声が届きやすくなることは、男性組合員にとっても働きやすさにつながるはずです。また、これからも新聞メディアが存在感を持ち、世論をリードしていくという気概を持つのであれば、読者の信頼を得るためにも、このジェンダー・ダイバーシティーの実現は避けて通れません。新聞労連がいち早く、道筋をつけるべきではないでしょうか〉

100人を超す組合員からの「積極的是正措置」の実行を求める意見書で、同趣旨の個人名の意見書も9通寄せられた。そのなかには「新聞社はまだまだ男性社会で、いまだに女性管理職は圧倒的少数派です。私自身もここで働き続けられるのか、未来があるのか、不安に襲われます」という悲痛な声も綴られていた。

翌日の中央執行委員会でこの意見書を配布し、従来の中央執行委員と同じ権限を持った「特別中央執行委員（女性役員枠）」を創設することを決定。一部から「男性に対する逆差別にならないか」という意見も出たが、翌月の春闘臨時大会で最大10人の特別中央執行委員を置けるようにする規約改正にこぎつけた。女性の組合員たちの声が労組の全国組織を変えたのである。19年7月の定期大会で公募に応じた特別中央執行委員8人（北海道新聞、朝日新聞、毎日新聞、神奈川新聞、京都新聞、中国新聞、南日本新聞＝2人）が選ばれ、既存の役員枠もあわせると11人、全体の33％が女性役員になった。

特別中央執行委員の女性たちは、ハラスメントや性暴力の問題で動いた。

長崎市幹部から取材中に性暴力を受け、訴訟を闘っている現役記者を支援するシンポジウム「#ＭｅＴｏｏとメディア　私たちは変われるか」を19年11月に長崎市で開催。フラワーデモも行い、これまでセクシュアルハラスメントに泣き寝入りを強いられてきた実態を伝え、「今、変わらなければならない」と訴えた。また、20年6月の新聞労連結成70周年に向けて、新しい新聞・通信社の働き方を提言するプロジェクトチームのメンバーにも加わり、前出の組合員アンケートなど精力的に議論を重ねている。

新聞労連では毎年1月にジャーナリズム大賞を選考し、発表している。その選考委員4人も男性だったが、20年1月の選考から男女同数に改め、新たにフォトジャーナリストの安田菜津紀さんとビジネスインサイダージャパン統括編集長の浜田敬子さんを迎えた。

そうした変化も受けて、「フラワーデモ」のきっかけとなった福岡地裁久留米支部や名古屋地裁岡崎支部での性暴力の「無罪」判決を掘り起こした毎日新聞と共同通信の記事など、ジェンダーに関する作品の応募が多く寄せられ、このうち、自社幹部が性犯罪や重大なハラスメント行為で懲戒解雇されたことをきっかけに、自分たちの足元のメディア業界の実態にも斬り込んだ神奈川新聞の「#metoo #youtoo」と、朝日新聞が国際女性デーを中心に展開した「Dear Girls」の一連の報道が特別賞に選ばれた。

授賞式に出席した浜田氏は講評でこう語った。

「私も朝日新聞にいたが、男性中心社会でなかなか女性記者の声を上げづらかった。働き方も含めて声を上げにくく、働き続けることが難しかったが、当事者の女性記者が声を上げたのが大きい。制度が変わらない、会社が変わらない、と言うのは簡単だが、自分たちでやれることをやって変えていこうということだった」

授賞式で、受賞者の一人が痴漢被害にあった自身の経験に触れながら、「(上司の性犯罪を）自分から冗談めかして話すこともあったが、なぜかというと、そうしないと傷つく自分を守れないから。感受性を下げて耐えていた。そうやって耐えないといけないような社会は変えていかないとと思って、私も取材班に加わっています」とスピーチすると、特別中央執行委員の一人である神奈川新聞の松島佳子記者が「突然、マイクを握ってすいません」と言いながら、全国のメンバーに呼びかけ始めた。

「先日、実の父親から性被害を繰り返し受けた女性からこんなことを言われました。『記者の方って、すごい職業ですよね。こんなに問題を可視化して発信してくれる。世に問うてくれる。そういう素晴らしい仕事をしているんですね』と言われたときに、私たち、まだまだできることがたくさんあると思いました。一緒に特別賞を受賞した朝日新聞の昨年(19年）3月8日（国際女性デー）の紙面をみたときに『これ、私たちも来年やろうね』とメンバーで話し合った。1面から社会面まで紙面ジャックをしようと計画を立てている。これだけ多くの新聞社で発信ができたら、きっと社会を変えられる何かができるのではないか。ぜひ一緒にやりませんか」

大炎上した、あるテレビ社員のｎｏｔｅ

特別中央執行委員の呼びかけで始まった国際女性デー企画は、全国各地の女性記者たちがメーリングリストなどで一斉につながり、新聞・テレビ・ネットメディアのメンバーが社の枠を超えて、動き出した。

労組の組織としては、女性管理職比率調査を実施することにした。さらに各社が２０２０年３月８日に向けて取り組む企画をそれぞれが紹介していくためミモザ色の共通のメッセージカードも作って、３月１日からツイッターで発信した。メッセージカードにはこう綴られていた。

〈〝２０２０３０〟…２０２０年までに、リーダー層の女性を少なくとも30％に。
政府が目標に掲げた２０２０年を迎えたいま、現実はどうでしょうか?
誰もが性別に関係なく尊重され、
自由に生きられるように。

そんなバトンを未来につなげるように。
私たちはメディアの枠を超えて、
手を取りあいます〉

共通ハッシュタグは「#国際女性デー2020　#メディアもつながる　#手を取り合おう」。国連の関係者なども好意的にツイッターで拡散する形でスタートしたが、TBSのメンバーが3月3日に投稿したnoteに注目が集まった。

〈他社の記者と連携するなんて、20年前は考えられなかった。スクープを抜くか、抜かれるか。女同士であればこそ、周りは競わせて楽しむ。でももうそういうのは古い。大切なテーマのためには、お互いの記事をシェアしながら、励ましながら、育み、社会へのうねりを作り出し、連携を可視化する。新型コロナウイルス、「3・11」と報道すべきことが多い3月。限りある紙面やオンエア時間には優先順位があるから「女・子どもネタ」はいつも通り、後回しになる。でも考えてみてほしい。新型コロナの一斉休校宣言で問われているのは働き方であり、家族の中での育児負担の問題だ。それを常に後回しにしてきたから、混乱や不安が広がる。「ジェンダー」がきっかけの動きではあるが、女性だけで固まることなく、性別を問わず、みんなが感じている社会の生き苦しさの根底にあるものは何なのか、考えるきっかけとしたい〉

これまでのメディアの常識を省みながら、社の枠を超えた連携で変えていこうという点はよかったが、次のような書き出しの部分が問題になった。

〈社歴は20年を超えた。スーツを着れば、圧がかかる。何気ない一言にも、後輩にびくっとされる。そんな私がジェンダーを語ったら、バリバリのフェミニストに見えるだろう、少なくとも会社では。ああ、ついに私もそうなったか。なりたくなかったあれに。いやいや、ちょっと違うんです、違うんだなー。そもそもこれまでの「フェミニスト」って何？　男社会に対し、異を唱え、論破して、傷ついても立ち直る人？　とてもじゃないけど、私はそうはなれない。体力も、気力も持たない。私がなりたいのは、男社会のテレビ局の報道フロアの中にあって、男性目線のニュースばっかり出していたら、本当にダサいし、視聴者から離れていくから、「ニュースの幅を広げましょう」「多様なニ

ユースを出していきましょう」と呼びかける存在。その存在にまだ名前はついていないんだけど〉

男女平等という当たり前の社会の実現を訴えているフェミニストを揶揄《やゆ》する響きを含み、「#なりたくなかったあれ」として抗議のツイートが広がることになった。

この連携企画は、発信や報道の中身については、それぞれの社の独自性に委ねられており、自然発生型の展開で進んだため、ツイッターのメッセージカード以外の見解は出していなかった。このため、TBSのこのｎｏｔｅが「#メディアもつながる」企画の発想であるかのように独り歩きし、かといって自主性を重んじるなか、他社を否定するのも難しく、炎上が広がっていった。

ただでさえ、男性幹部の多い各社のなかで紙面を奪う熾烈《しれつ》な調整をしている。本来であれば一緒にジェンダーギャップ121位の日本社会を変えていくための緩やかな連携が、足かせになりかけていた。ネット空間の言説に影響を受けながら、そこに対して的確なソーシャルコミュニケーションをとれていない既存メディアの弱点がさらけ出される日々が続いた。メンバーは日中取材や社内調整をしながら、午前3時ごろまでこの対応をどうするかのやりとりが続き、消耗しており、このままで3月8日を迎えるわけにはいかないと思った。

新聞労連の女性役員らも参加したＡｂｅｍａＴＶの放映や、メディアの女性管理職比率の調査結果の公表が予定されていた3月6日の朝。ツイッターで公式に謝罪を求めた。

〈なんでＴＢＳはいまだに謝罪も取り下げもしないのでしょうか。何度読み返しても、フェミニズムを実現しようと懸命に取り組んでいる人への冷笑にしか受け取れません。１２１位の日本社会そのもの。こうした言説と決別するのが#国際女性デー２０２０〉

〈午後にメディアの女性管理職比率の調査結果を発表しますが、１２１位の日本社会を投影した低さ。各地方で問題意識は持っているけど、なかなか上司に企画を理解してもらえず悩んでいる仲間とノウハウを持っている記者がつながり、一緒になって変えようとしたのが #メディアもつながる #手を取り合おう〉

〈メディアこそが遅れている。だからみんなで力を合わせて変えようと思った。なんとか連携を維持しようとして、ＴＢＳをかばうような言説もあったが、多くのメンバーは「ＴＢＳのｎｏｔｅは問題あり」と思っている。身内の事情で社会の変化を止めてはな

らない。#変わるのはメディア〉

私のツイートは、「男性の委員長が出てきて、女性に謝罪をさせるのか」と新たな批判も招いたが、ＴＢＳは翌日、当初のｎｏｔｅを謝罪した。

〈「私はフェミニストじゃありませんから」という逃げ道を作り、立場をわざと曖昧にすることでしか、表現ができませんでした。私をそうさせたのは「会社、組織、社会」ではなく、単純に私の問題です。私が甘えていました。気づかせてくれてありがとうございました。この機会がなかったら、私は企画や提案を通すとき、「私はフェミニストじゃありませんから」と社内で言い続けていたと思います〉

「私の問題です。私が甘えていました」という部分は、個人で責任をかぶりすぎではあった。問題になった言説はテレビ局、そして日本のメディアが長年作り上げた環境のなかで生まれたものだったと思う。しかし、「フェミニストじゃありませんから」という逃げ道を作らず、女性差別の問題を正面から取り上げることの大切さをＴＢＳが社内で議論した末に出してきた。これを執筆した記者のことを思うと胸が苦しくなったが、大きな痛みを伴いながらも一歩前に進み、3月8日を迎えることになった。

広がった「3・8」紙面

紆余曲折があったが、2020年3月8日付の紙面は圧巻だった。

新型コロナウイルスの関連ニュースも多いなか、神奈川新聞や琉球新報は、1面から社会面、運動面、読書面まで、ほぼ全ページで国際女性デーの記事で埋め尽くした。朝日新聞は「Dear Girls」、毎日新聞は「声をつないで　国際女性デー2020」、東京新聞は「女性に力を」のワッペンをつけて、8日以前から手厚く報道。共同通信も連日、関連記事を配信した。地方紙・ブロック紙でも、北海道新聞、徳島新聞、長崎新聞、南日本新聞、沖縄タイムスなどが特集や記者解説で大きく展開した。

国立国会図書館分室におかれている社説欄のある新聞39紙のうち、毎日新聞、神奈川新聞、京都新聞、徳島新聞、長崎新聞、沖縄タイムスの6紙が8日付の社説で国際女性デーについて取り上げた。

- 国際女性デーと日本「男性優位」崩す仕組みを（毎日新聞）
- 国際女性デー「根深い意識」変革を（神奈川新聞）
- 国際女性デー　性差別ない社会をめざそう（京都新聞）
- 国際女性デー　男女格差の是正を急げ（徳島新聞）
- 国際女性デー　差別根絶の意識改革を（長崎新聞）
- フラワーデモ1年　被害語る空気広がった（沖縄タイムス）

2019年と比較して、「国際女性デー」という言葉が紙面に登場した回数にも変化があらわれた。日経テレコムを使った検索で、3月1〜10日の期間で比較すると、

- 朝日新聞　17回→47回
- 毎日新聞　13回→62回
- 読売新聞　10回→5回
- 日本経済新聞　3回→5回

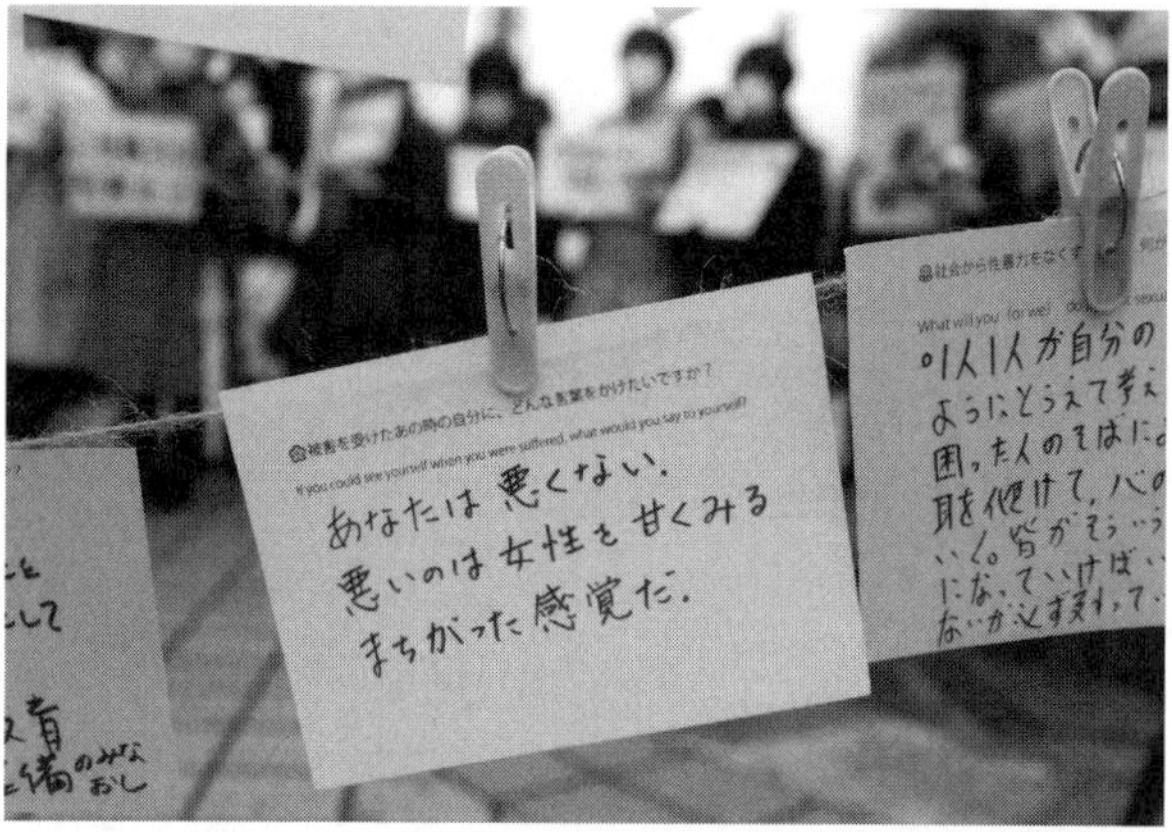

フラワーデモでつるされたピンク色のカード＝2020年3月8日、名古屋・栄

一方、テレビは、東京本社発行版のテレビ欄を確認したところ、NHKテレビ、NHK・Eテレ、日本テレビ、テレビ朝日、TBSテレビ、テレビ東京、フジテレビの3月8日・9日ともにゼロだった。フラワーデモの様子を伝える個別のニュースは流れていたが、重点として打ち出していなかった。新聞での報道は、3月8日に各地で行われた「フラワーデモ」の様子を伝える形で9日まで続いた。

2019年から「性暴力とたたかう」という連載を続けてきた徳島新聞の乾栄里子記者は、3月9日付の朝刊の記者コラムで、1995年の阪神大震災時の性暴力被害者支援をしていた神戸のNPO団体「ウィメンズネット・こうべ」に対しバッシングが起こり、一部メディアから「被災地レイプ伝説」とまで書かれ、女性支援に邁進《まいしん》してきた正井禮子《れいこ》代表ですら性暴力を語るのが難しくなった話を振り返りながら、19年にフラワーデモのムーブメントが起きて変わりつつあることをこう綴った。特に今回、東京だけでなく、地方紙のなかで社内ではたとえ同じ意識を持つ人がまだ少数でも、みんなでつながることによって、各地の報道を変えていこうと思って進めてきたみんなの願いも詰まったようなメッセージだった。

〈都市部に比べ男尊女卑《だんそんじょひ》思想が根強く、より語りにくい地方へ波及したことも大きな成果だった。「わがまち」のデモを通じ「自分が受けていたのは性暴力だった」と気付いた人もいるだろう。徳島でも「初めてこういう場に来た」と話し、明るい表情で帰っていった女性がいた。

「性暴力のないジェンダー平等社会」をゴールとしたとき、現在地はどのあたりだろうか。日本のジェンダーギャップ指数は世界121位に低迷。有名企業経営者のセクハラ行為や医大の女子減点問題など、道のりの遠さを突き付けるような事象が相次ぐ。

それでも、社会は変わると思う。正井代表は阪神大震災の教訓を生かし、東日本大震災では精度の高い調査を実施して災害下の性暴力をあぶり出した。女性たちはフラワーデモを通じ、痛みを共有してつながるすべを知った。変化のための種は各地にまかれた。もう一人じゃない。声を上げ続けていこう〉

慰安婦問題での沈黙

新聞労連は2020年3月15日、乾記者らを講師にし、「ジェンダーギャップ指数121位の報道を考える」をテーマにした記者研修会を開いた。研修会後の反省会で、一人の記者が「戦時性暴力についてもっと勉強して、記事にしていかないといけないかなと思っている」と話した。

国際女性デーのメディア連携企画が始まっていた3月3日。東京高裁である判決の言い渡しがあった。1991年に韓国で初めて「元慰安婦」であったことを名乗り出た女性の証言を新聞記事にした元朝日新聞記者の植村隆氏（現・週刊金曜日発行人）に対して、麗澤大学客員教授の西岡力《つとむ》氏やジャーナリストの櫻井よしこ氏らが、2014年ごろからコラムや論文で「捏造《ねつぞう》」記者と攻撃。植村氏の勤務先の大学に退職を要求する脅迫文が大量に送りつけられたり、インターネット上で家族を含めた個人攻撃が行われたりしたことをめぐり、名誉回復を求めて植村氏が15年、東京、札幌両地裁に提訴した訴訟だ。しかし、両地裁と、先に控訴審判決を出した札幌高裁（20年2月）では、報じた元慰安婦の証言の記事に対して繰り広げられた「捏造」バッシングを免責し、事実上容認するかのような司法判断が続いていた。

「主文、本件各控訴をいずれも棄却する。控訴費用は控訴人の負担とする」

3月3日の司法判断も変わらなかった。しかも、東京高裁の裁判長は、小さな声でそれだけを読み上げると、1分足らずで法廷から立ち去った。

批評は最大限尊重されるべきだが、「捏造」は意図的に事実に反することを書いたことを意味し、ジャーナリストにとってのいわば死刑判決だ。裁判の過程では、その重たい言葉で一方的に植村氏を攻撃していた西岡氏や櫻井氏の取材不足や誤読・曲解も明らかになっていた。特に、捏造の有無においては、本人の認識が大切な要素だが、植村氏に確認する取材の申し込みすらしていなかった。それにもかかわらず、例えば札幌高裁は「資料などから十分に推認できる場合は、本人への取材や確認を必ずしも必要としない」と植村氏側の主張を退けていた。「確実な資料や根拠に基づき真実だと信じることが必要」とされてきた「真実相当性」に関するこれまでの最高裁判例を曲げるような司法判断だった。

植村裁判の一連の司法判断では、歴史的事実や女性の人権に対する裁判所の認識のゆがみも表れた。その象徴は、植村氏が報じた慰安婦の証言について、「単なる慰安婦が名乗り出たにすぎないというのであれば、報道価値が半減する」と札幌高裁が言及したことだ。戦後、長い苦しみの時間を生き抜き、勇気と決意をもって名乗り出た女性を「単なる慰安婦」と貶《おとし》め、過去の戦時性暴力の問題に向き合わない姿は、現代の性暴力に無理解な司法判断にもつながっている。国内外のすべての女性への侮辱であり、著しい人権侵害だった。

戦時性暴力の被害者である慰安婦の証言を報じた側には重い責任を負わせ、被害者の証言報道を「捏造」などと貶める側の取材不足・誤読・曲解は大幅に免責する一連の司法判断の構図を放置していたら、今後の性暴力被害の告発やその報道にも深刻な影響が出かねない。

傍聴支援に駆けつけた作家の北原みのりさんは東京高裁前でマイクを握った。フラワーデモの提唱者である北原さんは長年、戦時性暴力の被害者に寄り添う活動を続けてきた一人だ。植村氏のことも気に掛けていたものの「嫌韓」ブームや慰安婦に対する「捏造」バッシングで日本の言論が暴力化するなか、「声を上げてもムダなんじゃないか」と傷つい

う。ていたが、札幌高裁判決の〝単なる慰安婦〟という表現に怒りがわいて、駆けつけたとい

「『捏造』という強い言葉で、慰安婦の問題がなかったことにされている世論ができあがってしまっている。ネトウヨ化している女性たちに取材したが、みな『慰安婦は嘘』と言っていた。それをあおり、空気をつくったのが文春であり、西岡氏であり、櫻井さんたち。その人たちが植村さんを徹底的に攻撃してそうした空気をつくった。本当に大きな罪だと思っています。ほとんどの（慰安婦の）方々が亡くなるなか、もう『日本政府を変えよう』という気持ちすらなく、でも『自分たちは日本政府は変えられないけど、未来は変えよう』という思いで、いろいろ、希望を持とうという動きが出ている。だから私たちもだまっているわけにはいかない。韓国でハルモニが声を上げ、痛みの声を聞くということで、民主主義の革命が広まったように、日本のひどい状況になってきた暴力的な言論を変える空気をつくっていきたい。これから長い闘いになると思うが、一緒に社会を変える。本当に性暴力の問題を真剣に考えて、人権というところから言論がもっと発展し、自由な空気になるように、私も一緒に闘っていきたいと思います。頑張りましょう」

慰安婦の問題がなかったことにされている世論にお墨付きを与えるような司法判断が固定化されては、為政者にとって都合のいい歴史修正主義が横行し、次世代のジャーナリストが過去の歴史的事実に誠実に向き合い、報道していく道を狭めてしまう。しかし、植村裁判の司法判断の問題点を多くの日本メディアは正面から論じていない。戦時性暴力の問題に向き合ってきたはずの朝日新聞においても、紙面取りに苦しんでいる。

「2014年の慰安婦バッシングの時、朝日新聞の社内はどんな雰囲気だったんですか」

報告集会で北原さんに問いかけられた。

私は当時、大阪で橋下徹・大阪市長（日本維新の会共同代表）の取材をしていた。連日のように記者会見やぶら下がり取材の場で、産経新聞などの記者が、朝日新聞と慰安婦の問題を質問。「なんで（会社を）やめないんですか？　僕だったらやめますよ」と橋下氏に言われながらも、その場をじっと耐え、終了後には数十分から2時間近い苦痛なやりとりの音声を起こすことが続いた日々を思い起こした。マイクを握ったが、時折声を詰まらせた。

「朝日バッシングが広がるなか、慰安婦問題の検証記事を書いたメンバーから『自分たちが辞めないといけないかな』と言われた。『それは違う』といって、慰安婦問題について理解を深める有志の勉強会を大阪本社で開いた。でも、あの時はそれ以上できなかった。いまこうした状況を変え、ネクストジェネレーション、次世代の記者たちがきちんと歴史的な事実に向き合って報道できるような環境をつくっていかないといけないと考えています」

再び切られる女性

朝日新聞は2020年4月1日、「朝日新聞社ジェンダー平等宣言」を発表した。部門横断で活動する社内の「女性プロジェクト」が核となって、英国の公共放送BBCによる出演者の男女比を平等にしようというプロジェクトなどを参考に各部門の声を聞いてまとめた。

1．朝日新聞紙面や朝日新聞デジタルで発信するコンテンツは多様性を大切にします。取材対象や識者を選ぶ際には、性別などの偏りが出ないよう心がけます。朝日新聞の朝刊にほぼ毎日掲載する「ひと」欄をその指標とし、年間を通じて男女どちらの性も40％を下回らないことをめざします。

2．国際シンポジウム「朝日地球会議」をはじめとする、朝日新聞社が主催する主要なシンポジウムの登壇者は、多様な視点から議論ができるように、関係者の理解を得ながら、男女どちらの性も40％を下回らないことをめざします。
3．朝日新聞社は、女性管理職を増やし、管理職に占める女性比率を現状の約12％から、少なくとも倍増をめざします。男性の育休取得率を向上させます。性別を問わず、育児や介護をしながらでも活躍できるように働き方を見直し、人材の育成につとめます。

社内研修や検証なども含めた6項目の宣言で、渡辺雅隆社長は1日の入社式で「性別や障害の有無、国籍や人種、宗教の違いに関係なく、誰もが活躍できる社会、多様な価値観を認め合う社会が私たちの理想。今回の宣言は、足元から取り組んでいこうという試みの一つです」と話した。女性管理職比率の目標はまだまだ甘いが、第一歩を踏み出した。

新聞労連も同月の定期大会で、「『2020年までにリーダー層の女性を少なくとも30％』にすることを掲げた政府目標の早期実現に向けて、役員・管理職の女性比率を3割以上にすることをめざす」と盛り込んだ運動方針を決めた。大会宣言の一節でも、「逆戻りさせてはなりません」と強調した。

〈日本新聞協会の調査では、新聞・通信社の新入社員がほぼ男女半数となりましたが、新聞労連が昨年（19年）実施した組合員アンケートでは、女性の6割が「賃金・待遇や働く上で、性別による差別がある」と回答しました。女性管理職も少なく、ジェンダーバランスの欠如が報道の歪《ゆが》みにもつながっているという指摘は男性組合員からも出ています。こうした状況を改善するため、新聞労連は2019年度から「特別中央執行委員（いわゆる女性役員枠）」を創設。3割超となった女性役員が未来を切り拓く推進力になっています。この動きを逆戻りさせてはなりません。ジェンダーバランスの改善を業界全体に広げ、誰もが働きやすい職場の実現と、幅広い読者の信頼をつかむことができる新聞・通信社の体質への転換を目指していきましょう〉

これに先立ち2020年2月に行った日本新聞協会への要請では、メディア業界の方向性を決める協会の理事会が現在女性ゼロの状況を指摘し、労連の特別中央執行委員のような「特別枠」を設けるなどの措置を講じるよう求めた。

協会側は当初、「新規採用者」の男女比が変わらなくなってきたことや、協会として「女性活躍推進」や「女性管理職数」の調査に取り組んでいることを説明。「業界は50代の男性が非常に多い。その人たちが退職するとだいぶ業界の風景も変わるだろう」「もう少し時間が経っていけば……」と回答した。

しかし、参加した特別中央執行委員たちが「決定権を持った立場にいる女性社員は少ない。多くの女性社員がハラスメント被害を受けていることもアンケートで明らかになった。悪循環が続いている。協会や会社は自分事として捉えてほしい」と要求。「協会として明確な目標数値がないといくら時間を経ても変わらない」「女性はいつまで待てばいいのか。その間に若手や仲間が業界からいなくなっている。積極的な意思を持ったアクションを求めている」といった悲痛な訴えが続き、最終的には協会側も「思いを十分受け止める」と述べた。

時間との闘いになっている。ある全国紙でジェンダー問題の紙面を率いてきた女性管理職が2020年に入り、業界を去った。女性記者たちの信望が厚かったが、リストラが進む会社のなかで、不本意な行き場しか提示されなかったことが引き金になった。後輩の記者たちは惜しむようにこうツイートした。

〈希望を捨てたくはないですが、現実は厳しいです。尊敬する女性記者が次々に社を去っています。しかるべき地位に女性がいない。それは確実に報道全体、また女性記者の士気に影響を与えています。多くの記者が、会社員としての限界に阻まれつつも、自分の信念や取材先、読者との約束を守るために奮闘しています。大きな課題に立ち向かうため、読者の方々、そして同じ立場の記者たちと、連帯する必要を痛感しています。そのことが少しでも伝わるとありがたく思っています〉

経営が苦しくなるなか、男性中心で意思決定をしているメディアは再び逆回転しかねないのである。そして、雇用不安がジャーナリズムの萎縮やゆがみをもたらす動きはテレビの看板報道番組でも起きた。次章ではテレビを中心に表現や報道の自由の危機を考える。

コラム

「異質な人たち」排除の理屈——小島慶子さん（エッセイスト）

まず前提として、（メディアの中には）心ある記者がたくさんいる。大手メディアの記者が全員、志がないわけではない。ただ、情報の独占が起きている。記者会見は政治家が何を考えているのかを公に示す場であり、人々が理解しやすいように記者が専門性を生かして質問する場だが、大手メディアの人間が自分たちの特権を守るために、異質な存在を入れないようにしている。

「異質な存在」とは、フリーランスの記者たちや、男性が大多数を占めるメディア業界では異端である女性記者たち。話が通じる〝内輪〟のメンバーで情報を独占しようとする慣習や仕組みが、長い間うまく機能してきてしまったことが今の状況の元凶だと思う。それに限界を感じている記者たちもいる。

パワハラ、セクハラが横行し、フリーランス記者を排除する大手報道機関の、人権や言論の自由に対する姿勢が問われている。そういう体質の人たちが人々に情報を伝える役割を担い、大きな権限、権力を持っていることに、多くの人が不安と不信を感じている。

賭け麻雀の問題と、セクハラの問題と、記者会見形骸化の問題は、全部地続きである。内輪の理屈、いわばメディア社交クラブを維持するための理屈を優先する体質の弊害であると気づいてほしい。望月衣塑子記者に対して、官邸記者クラブの風当たりが非常に強いことも、女性を排除する心理が影響しているはずだ。

（2020年6月5日　新聞労連オンラインシンポ「メディアは何のためにあるのか？　いま『記者会見』のあり方を問う」での発言）

コラム　記者の妙な被害者意識——立岩陽一郎さん（元NHK記者・インファクト編集長）

（取材対象者と）仲良くなって、「賭け麻雀」で秘密を共有し、お互いの弱みを握り合って、絶対不可分な関係にならないと取材じゃないというのは、日本独特の文化。女性記者もみんな「男」にならされる。一緒に酒を飲み、朝まで一緒に歌を歌い、情報を取ってきたら一人前という文化がある。

私がアメリカにいた時、ウォール・ストリート・ジャーナルの連邦銀行担当の記者でビジネス記者アワードを取った女性記者がいた。彼女はそんな取材をしない。朝は8時に子どもを預けて出勤し、午後6時ぐらいに帰ってきて、家族とご飯を食べている。（それでも取材力は）世界のレベルに後れを取っていない。だから、日本の記者が正しいと思ってやらされ、女性も「男と同じようにやれ」というふうに言われた取材方法が、（取材相手との）癒着の枠にはまっていく。こんな意味のないことをみんなでやっている。こういう文化を変えていくために、記者会見をまっとうにやるというのは、最初の変化として第一歩になる。徐々に文化を変えないと大変ですよ。（いまの若い人たちは）新聞社に入りたいですか？　入りたくないですよ。自分たちで、自分たちの職場を変な職場にしていて、それに気がつかない。深刻に受け止めて変えていかないといけない。いまのやり方ではセクハラはなくならないし、記者になる人はいない。（現場の記者には）妙な被害者意識もある。「俺たちは寝ないでやっているのに、なんで世間からこんな批判されるんだ」という、負の連鎖もあるわけです。ほんとにどこかで変えないといけないし、いまがチャンスです。

（2020年6月5日　新聞労連オンラインシンポ「メディアは何のためにあるのか？　いま『記者会見』のあり方を問う」での発言）

第4章

表現の自由とテレビ

一転して不交付

「本作品への評価は多様であっていい。しかし、表現内容に対する干渉には寛容であってはならない。『私はあなたの意見には反対だ。だがあなたがそれを主張する権利は命をかけて守る』というフランスの思想家ヴォルテールの言葉を思い出すべきであろう。助成金不交付という手段によって実質的に表現内容を統制しようとする企てには徹底して抗《あらが》わなければならない。しかも何ら法的根拠もなく、規制する側のさじ加減でどうにでもなる『公益性』というあいまいな概念による規制は極めて危険である」

2020年2月25日の東京地裁。映画「宮本から君へ」の制作会社スターサンズが、助成金交付内定後に下された不交付決定の行政処分の取り消しを求めて、文化庁所管の独立行政法人「日本芸術文化振興会」（芸文振）を訴えた訴訟の第1回口頭弁論が開かれた。

「宮本から君へ」は、新井英樹氏の漫画が原作で、19年9月27日に公開された。同年の日刊スポーツ映画大賞・石原裕次郎賞（監督賞・主演男優賞の2部門）やヨコハマ映画祭の主演男優賞にも選ばれた作品だ。

本編は同年3月12日に完成し、同月29日に芸文振から1千万円の助成金交付の内定通知が送られていた。ところが、出演者の一人であるピエール瀧氏がコカインを使用したとして麻薬取締法違反容疑で逮捕されると、芸文振はピエール瀧氏の出演シーンを「カットするなど編集できないか」と要請。制作会社が「完成した作品の内容は改変できない」と断ると、有罪判決が出た後に1千万円の助成金不交付に踏み切ったのである。

ピエール瀧氏が出演した時間は、全129分のうちの合計約11分で、全体の9％未満にすぎない。主演でもなければ、映画の内容は薬物使用と全く無関係にもかかわらず、芸文振は交付取り消しの理由として「国が薬物使用を容認するようなメッセージを発信することになりかねない」と主張した。

さらに芸文振は同年9月27日、その判断を後付けで正当化するように芸術文化振興基金の助成金交付要綱に「公益性の観点」を追加。「公益性の観点」から助成金の交付が「不適当と認められる」場合には、交付内定を取り消すことができるようにした。

ヴォルテールの言葉をひいた原告代理人の伊藤真《まこと》弁護士の意見陳述が指摘したように、定義が明記されていない「公益性」というあいまいな基準が拡大されると、公権力の恣意的な判断がまかり通るようになり、「検閲」につながる恐れがある危険なものだ。

そもそも芸術文化振興基金は1990年、国際的に見て脆弱《ぜいじゃく》な文化予算を改善するために民間出資を入れて創設されたものだ。

文化芸術基本法では、基本理念の筆頭に「文化芸術に関する施策の推進に当たっては、文化芸術活動を行う者の自主性が十分に尊重されなければならない」（同法第2条）と「自主性」を掲げている。

国会での法案審議のなかで、提案者の一人である自民党の斉藤斗志二《としつぐ》氏は「文化芸術活動における『表現の自由』ということは極めて重要なもので、憲法第21条で保障されている権利。法律案は、表現の自由を直接は明記してはおりませんが、文化芸術活動における表現の自由の保障という考え方を十分にあらわしている」（2001年11月21日の文部科学委員会）と約束。17年の法改正では、前文に「我が国の文化芸術の振興を図るためには、文化芸術の礎《いしずえ》たる表現の自由の重要性を深く認識し、文化芸術活動を行う者の自主性を尊重することを旨としつつ、文化芸術を国民の身近なものとし、それを尊重し大切にするよう包括的に施策を推進していくことが不可欠である」と「表現の自由」が明記された。

映画の表現活動にかかわるキャスティングに介入して交付金を打ち切った芸文振の対応は、憲法や立法の精神を踏みにじるものであった。

第1回口頭弁論後の記者会見で、スターサンズの河村光庸《みつのぶ》代表は「映画における表現の自由に関する、日本で初めての訴訟だと思う」と位置づけたうえで、「憲法は多くの官僚、政治家を規制し、制約するものであって、決して国民を制約するものではない」と訴えた。

「源に政権側の不快感」

河村氏は2019年、安倍政権下で起きている森友・加計学園問題や、伊藤詩織さんに対する準強姦事件のもみ消し疑惑などを取り上げた「新聞記者」「i　新聞記者ドキュメント」という2本の映画を立て続けに公開したプロデューサーとしても知られる。いずれも安倍政権の暗部を正面から批判する内容であったが、「ドーンと大きくやれば潰されない」と言って、全国のシネコンで上映。特に松坂桃李氏が主演した前者は、各地の映画館が満員で入りきれないほどのヒットになった。

「この国の民主主義は形だけでいいんだ」

河村氏の発案で、内閣情報調査室の参事官役に語らせた台詞は、現政権中枢のメンタリティーを象徴するようだった。

その河村氏が制作した「宮本から君へ」に対する助成金不交付は、「政治的な嫌がらせ」という臆測が飛び交った。

「芸術そのものが、時の権力や多数派から白眼視されたり、異端視されることによってその発展が阻害されがちな分野である。また、芸術は人間の心を揺さぶることがあるため、それを為政者は人々をコントロールするための手段として利用してきた」

伊藤弁護士が2月25日の意見陳述で芸術と政治権力の関係に言及したが、日本では2019年の夏から秋にかけて、公権力が表現の自由を脅かす事案が相次いで起きた。

その象徴的な事例は、国内最大規模の芸術祭「あいちトリエンナーレ2019」において、旧日本軍の慰安婦を象徴する「平和の少女像」などを展示した「表現の不自由展・その後」への対応だ。

「感情を揺さぶるのが芸術なのに、『誰かの感情を害する』という理由で、自由な表現が制限されるケースが増えている。政治的な主張をする企画展ではない。実物を見て、それぞれが判断する場を提供したい」

開会前、国際芸術祭の津田大介監督が語っていた狙いもむなしく、発表後に河村たかし・名古屋市長が展示中止を求める抗議文を大村秀章・愛知県知事（芸術祭実行委員会会長）に提出。菅義偉官房長官は記者会見で交付金支給の見直しを示唆した。主催者の事務局にはテロ予告や脅迫・抗議の電話・メールなどが殺到し、わずか3日で展示中止に追い込まれた。

その後、「表現の不自由展・その後」の実行委員会が芸術祭実行委に展示再開を求める仮処分を名古屋地裁に申し立てるなどの働きかけを続けた結果、展示は再開されたが、文化庁があいちトリエンナーレに対する補助金全額（約7800万円）を支給しない決定を下した。

文化庁は「来場者を含め展示会場の安全や事業の円滑な運営を脅かすような重大な事実を認識していたにもかかわらず、それらの事実を申告することなく採択の決定通知を受領した上、補助金交付申請書を提出し、その後の審査段階においても、文化庁から問合せを受けるまでそれらの事実を申告」しなかったことを不支給の理由に挙げた。

大量の抗議電話などによって文化芸術活動が妨害されようとしているのに、所管官庁としてその対策に乗り出そうともしなかった文化庁が、適正な手続きを経て支給が決定された補助金を一方的に覆したのである。

参加アーティストらによるプロジェクト「ReFreedom_Aichi」が11月8日、不交付撤回を求める10万筆超の署名を提出するために文化庁を訪れた。文化庁には1カ月以上前から宮田亮平長官への面会を求めていたが、管理職ではない職員が対応した。その夜、日本マスコミ文化情報労組会議もあいちトリエンナーレや映画「宮本から君へ」に対する助成を打ち切った問題をテーマに「表現の自由を取り戻す文科省前行動」を開いた。

集会の終盤では、前川喜平・元文部科学事務次官が寄せたビデオメッセージを文科省の外壁に映し出した。

「あいちトリエンナーレにおける表現の不自由展が中止になった経緯は非常に問題があった。さらに問題だったのは、文化庁が補助金を不交付にした。これはまさに事後検閲。さらに採択を決めた時の有識者に諮ることなく、不交付を決定した。これは許されることではありません。文化庁は手続き上の不備だという理由をつけているが、後付けの理由。これは明らかに官邸を源《みなもと》とする政治的な判断です。その政治的な判断というのは、結局、『平和の少女像』などの展示に対する政権側の不快感があらわれている。それを隠して、『技術的・手続き的な問題』と矮小《わいしょうか》化している。こういった前例が起きることは、いわば『検閲ドミノ』のようなことを起こすきっかけになっているわけで、その後も次々と表現の自由を侵害するような行政の取り扱いが行われています」

前川氏は、川崎市の映画祭で慰安婦問題をテーマにした映画「主戦場」の上映が一時中止になった事例も挙げ、こう呼びかけた。

「いまストップさせなければ、もっと広がっていく危険性があると思います。表現の自由というのは、人間にとって根源的な自由であって、これを権力によって抑えられてしまっては民主主義が死んでしまう。そういう重大な問題だと思います。表現の自由というのは単に芸術表現や言論の自由というだけではなくて、これは『民主主義を支えるための人権なんだ』ということをもう一度はっきり確認をして、この表現の自由を抑え込もうとするいまの政治の力を押し戻さないといけない」

あいちトリエンナーレへの補助金は、2020年3月に主催側の愛知県が1100万円減額した修正案を文化庁に示し、約6700万円の交付で決着した。

萎縮するテレビ

前出の河村光庸氏は2020年2月29日付の朝日新聞のインタビューでこんな感想を漏らした。

「最近は、ときの政権を批判するような映画はほとんどなく、孤立感を感じます。テレビの報道番組も骨抜きにされており、私の映画を紹介することさえ、及び腰でした。今、日本に広がるのは、同調圧力と忖度です。芸術や文化の担い手が、背後にある権力者の意向を推察して、勝手に自主規制をしている。それは権力の直接的で露骨な介入よりも恐ろしいものです」

映画「新聞記者」で、首相官邸と一体化した内閣情報調査室のエリート官僚を演じた松坂桃李氏も、日本アカデミー賞の発表を控えた同月28日に放送された「羽鳥慎一モーニングショー」（テレビ朝日）で、コメンテーターの玉川徹氏のインタビューのなかで次のようなやりとりをしていた。

玉川氏　あの映画は、いまの政権に対して、ある種ものを言うような形の脚本になっているわけですよね。ためらいとか、そういうの、なかったのかなと。

松坂氏　周りからあまりにも言われるので、「すごいね」「よく決めたね、出ること」と。そんなになのか？と思いながら。

玉川氏　圧力はないにしても、なんらかの形で社会的な信用落とすようなことをされたりするっていうのは、そこは怖くはなかった？

松坂氏　この作品を通してちゃんと伝えたいなという思いがあったので出ました。まわりの情報などに惑わされずにちゃんと自分の目で自分の判断で選択できる意思を持とうよっていうメッセージ性を込めた作品なので。ただ、番宣（番組宣伝）にいたってはほとんどできなかったです（笑）。

玉川氏　それが忖度なんですよ。

松坂氏　ていうことなんですかね（笑）。

こうしたやりとりを放映したテレビ朝日も、内部で言論の自由が脅かされている。２０１９年12月11日夜。看板報道番組の「報道ステーション」で、自民党の世耕弘成・参院幹事長の発言の取り上げ方について、「誤解を招く表現」があったとし、アナウンサーが世耕氏と視聴者に向けおわびした。

前夜の番組で安倍首相主催の「桜を見る会」の疑惑を報じた際、「与党内では早くも年越しムードが」というナレーションを入れた後、世耕氏の定例会見後の映像に切り替え、「（年内の定例会見は）いつまでやるのか」と問われた世耕氏が「もう良いお年をというか……」と話す場面を放送。放送直後から世耕氏が「切り取りは酷い。今日の会見が今年最後になるかもしれないという意味で『良いお年を』と言っただけなのに、それを桜を見る会と絡めて、問題を年越しさせようとしているかのように編集している。印象操作とはこのことだ」などと批判したことを受けた対応だ。放送での謝罪前から、世耕氏のツイッターでは、「テレビ朝日報道局長が幹事長室に来訪し、謝罪」「番組内で何らかの対応をする」と告知されていた。

権力側から突っ込まれる稚拙《ちせつ》な編集と、安易な謝罪。双方について、テレビ朝日への疑問の声が上がるなか、翌週、事実上の番組解体が始まった。「リニューアル」を理由に、番組を中核で支えてきた10人近い社外スタッフに対し、派遣契約の終了を通知したのだ。

報ステ派遣切り

2019年12月20日。東京・六本木のテレビ朝日局内で開かれた報道ステーションの放送終了後の反省会でのことだ。

「このタイミングでこれだけ大幅の異動が出るのは極めて異例だが……」

テレビ朝日の報道番組センター長が番組スタッフに人事の説明を始めた。

20年1月1日付で社員が数人交代、同年3月でチーフプロデューサーの交代——。世耕問題に関わるテレビ朝日社員の人事異動が告げられるなか、無関係だった社外スタッフについても触れた。

「あわせて、番組全体のリニューアルということで契約スタッフの方も一部、3月いっぱいでご卒業ということでご理解頂きたい」

リニューアルの理由としては、視聴率が20年4月から世帯だけではなく個人を重視する形となることを挙げ、「テレビ業界やテレビ朝日が置かれている状況は非常に厳しい。テレビ朝日の報道の中心を担っている報道ステーションが中から変わっていかないといけない」と説明した。

突然の契約終了を言い渡された一人が質問した。

「番組には感謝も愛着もある。自分一人だったらいつかそういう時が来ると思っていたが、突然10人以上いなくなる大量解雇だ。派遣切りの問題をさんざん取材・放送してきた会社で一体どうなっているのか。10年以上いてこんなの見たことないです。本当にショックだ」

「これまでの貢献もわかっているので辛《つら》いが、ぜひご理解を」

別の幹部が「ほかにありますか」と振ったが、重苦しい空気が広がるなか、発言は続かなかった。

契約終了を一方的に通告されたスタッフは、政治や国際情勢、沖縄の基地、原発、災害、事件報道などに精通したメンバーで、ニュース担当のディレクターやデスクを務めていた番組の中核だった。

〈「報道ステーション」は、日本の放送メディアにおいて欠かせない番組。恐らくあるであろう、様々な「圧力」は上手にかわし、骨のある報道を続けてほしい〉
（14年7月のテレビ朝日放送番組審議会）

安倍首相と会食を重ねる早河洋会長の体制のもとで、そうした期待を背負ってきたテレビ朝日の報道の軸が徐々に変わるなか、番組作りに緊張感を与えていた「物言うスタッフ」の大量排除は、前身の「ニュースステーション」以来保ってきた日本有数の報道番組の「事実上の解体」につながりかねないものだった。

特に「報道ステーション」においては19年の秋、早河会長に抜擢《ばってき》された桐永《きりなが》洋・チーフプロデューサー（当時）によるセクシュアルハラスメントの問題が発覚したばかりだった。被害者は社外スタッフにも及んでいたが、処分は3日間の出勤停止という「謹慎」どまりだった。

内部には、「声を上げると不利益を被る」という受け止めが広がった。メディア関連労組として、雇用不安がジャーナリズムの萎縮につながる事態を看過できず、20年2月13日に衆院第一議員会館で緊急の院内集会を開いた。

「今日何を伝えるべきか、世の中に届けなければならないことは何なのか、時には闘いながら、毎日の放送を出してきました。しかし今回の事態は、そうした現場スタッフの姿勢を否定するものだと受け止めざるを得ません。ひいては、視聴者の方の知る機会を奪い、報道機関としての役割を果たすことができなくなるのではないかという危惧《きぐ》を覚えます」

「少しでも政治や社会や日本がよくなればとの思いで、番組のため10年以上尽くしてきたのにまるで使い捨てされたようで残念です。基本給も社員とは雲泥《うんでい》の差がある現状で、さらに残業代や休日出勤手当も出ないなか、日本で一番見られている報道番組との自負もあり頑張ってきた。今回、このような雇い止めにあい、自分たちの契約状況が希薄で脆弱だと改めて思い知らされた」

警備員から警告されるほど、参加者があふれかえった院内集会では、当事者の社外スタッフのコメントを紹介した。

ある番組関係者は「スタッフの間には不信感と同時に不安が蔓延《まんえん》してもいる。今後は

『番組の方向性が間違っているのでは』と思ったとしても、発言は控えてしまうかもしれない。これがテレ朝の最大の目的だったのではないかとも思ってしまう」というメッセージを寄せた。

故・筑紫哲也さんのもとで「NEWS23」の編集長などを経験し、「報道ステーション」と切磋琢磨《せっさたくま》してきたTBSキャスターの金平茂紀さんがビデオメッセージを寄せた。

「よそのテレビ局で起きていることについて、あれこれ口出しするというのは異例のことです。去年までだったら、『他の局で起きていることだから、黙ってようかな』という風に思っていたかもしれません。ただ、気持ちが変わりました」

「報道ステーションの職場で起きていることは、日本のテレビ局のどこでも起こりうることだなと思っています。それはなぜか。番組づくりや報道に関わっている人たちの中で、それなりの権限を持っている人たちで、恐ろしいほどのスピードで腐敗、劣化、堕落が起きているという風に思っているからです」

沈黙する報道機関幹部

2015年3月12日の衆院予算委員会のことだ。前年末の衆院選でTBSの「NEWS

23」に出演した際に、街頭インタビューの映像に対して、「全然、声が反映されていません。おかしいじゃないですか」などと文句をつけた問題を問われた安倍首相は、反論した。

「いわば、選挙を前にしていて、報道は正しくしてもらいたいという考え方があります。真面目にやっていただきたい。そのなかで、例えば、私がその当該番組の関係者に電話して何かクレームをつけるというのとは違うんですから。その場に出ていて、国民の皆様の前で、私はこう考えますと述べている。それを圧力と考える人なんか、私は世の中にいないと思いますよ。それを、圧力とかそういう形で。そして、番組の人たちはそれぐらいで萎縮してしまう、そんな人たちなんですか。情けないですね、それは。極めて情けない。別にそれが、みんな萎縮しているわけではなくて、例えば夜、夕刊紙でも買ってくださいよ。何と書いてありますか。見事に、日本では言論の自由は守られているんですよ」

14年の衆院選は、安倍首相が初めて衆院を解散して挑む選挙だった。

「NEWS23」の2日後の11月20日には、萩生田光一・自民党筆頭副幹事長と福井照・自民党報道局長名で、「選挙時期における報道の公平中立ならびに公正の確保についてのお願い」と題した文書を、在京テレビキー局の編成局長、報道局長あてに送った。

文書には「過去においては、具体名は差し控えますが、あるテレビ局が政権交代実現を画策して偏向報道を行い、それを事実として認めて誇り、大きな社会問題となった事例もあったところです」と言及。

- 出演者の発言回数及び時間等については公平を期していただきたいこと
- ゲスト出演者等の選定についても公平中立、公正を期していただきたいこと
- テーマについて特定の立場から特定政党出演者への意見の集中などがないよう、公平中立、公正を期していただきたいこと
- 街角インタビュー、資料映像等で一方的な意見に偏る、あるいは特定の政治的立場が強調されることのないよう、公平中立、公正を期していただきたいこと

——の4点について「特段のご配慮をいただきたく、お願い申し上げる次第です」と書かれていた。

自民党からの申し入れはそれで終わらなかった。

同月24日に報道ステーションが衆院選の特集企画を始め、その第1回として、約9分間にわたって、「アベノミクスを考える　金融緩和の〝恩恵〟は……」を放送した。

古舘伊知郎キャスターが「安倍政権になって2年。株価は2倍以上になった。確かにいいことだ」と話したうえで、「株があがってくれたんでポジティブになる」など、アベノ

ミクスの恩恵を受けた人の話に多くの時間を割いた。一方、実質賃金が伸びていないこともグラフで指摘。専門家の「若年層は資産がなく所得が増えないなか、切り詰めた消費を続けているのが現状だ」という指摘も紹介する内容だった。

すると、自民党は同月26日付で、福井報道局長名の要請文を報道ステーションのプロデューサー宛てに送付。その中では、報道ステーションの報道について、「アベノミクスの効果が大企業や富裕層のみに及び、それ以外の国民には及んでいないかのごとく紹介する内容」と批判。「意見が対立している問題については、できるだけ多くの角度から論点を明らかにしなければならないとされている放送法4条4号の規定に照らし、同番組の編集及びスタジオの解説は十分な意を尽くしているとは言えない」と牽制《けんせい》した。

こうした異例の牽制が続くなか、テレビの情報番組から街頭インタビューは姿を消し、選挙報道は激減した。上智大学文学部新聞学科「選挙とメディア」研究会の調べでは、2014年の衆院選では、ニュース・報道系番組で80時間10分、情報・ワイドショー系番組で21時間38分。民主党政権の野田佳彦首相が解散・総選挙に踏み切った12年の衆院選の114時間10分、85時間55分と比べると大きく減少した。

アベノミクスをどのように報じるかについて自民党の主張が正解というわけではない。

異次元の金融緩和を行った政権の看板政策を批判的に検証することはメディアの大切な仕事である。

しかし、前出の15年3月の委員会質疑で、安倍首相の姿勢を問いただした細野豪志氏（当時民主党）も質問のなかで、「今起こっていることは、実際、私も報道関係者と話をしていますけれども、この話になると、みんな口を閉ざすんですよ」と口にしたが、メディアの側は日本民間放送連盟や日本新聞協会といった組織で抗議の声を上げなかった。

15年4月17日には、自民党の情報通信戦略調査会が、「報道ステーション」でコメンテーターが菅官房長官を名指しし「官邸のみなさんにはものすごいバッシングを受けてきました」などと発言した件と、NHK「クローズアップ現代」で「やらせ」が指摘されている問題について異例の事情聴取に踏み切った。NHKとテレビ朝日の幹部が応じて、自民党本部に出向いた。

さらに、同年11月には安倍首相に関する著作を出している文芸評論家の小川榮太郎氏が初代事務局長を務める「放送法遵守を求める視聴者の会」が発足。「NEWS23」でアンカーを務める岸井成格《しげただ》氏が同年9月、「（安全保障関連法案に）メディアとしても廃案に向けて声をずっと上げ続けるべきだ」と発言したのを「放送法に対する違反行為だ」と非難する意見広告を、読売新聞と産経新聞に掲載した。

不穏な空気がつくられるなかで、16年2月8日、高市早苗総務相は衆院予算委員会で、放送局が政治的な公平性を欠く放送を繰り返したと判断した場合、放送法4条違反を理由に、電波法76条に基づいて「電波停止」を命じる可能性に言及した。

「政治的な公平性を欠く」の事例については、「国論を二分する政治課題で一方の政治的見解を取り上げず、ことさらに他の見解のみを取り上げてそれを支持する内容を相当時間にわたり繰り返す番組を放送した場合」などと列挙。「不偏不党の立場から明らかに逸脱していると認められるといった極端な場合には、政治的に公平であるということを確保しているとは認められない」とした。

安倍首相も同月15日の衆院予算委員会で、「番組全体は一つ一つの番組の集合体で、番組全体を見て判断する際、一つ一つの番組を見て判断するのは当然」と述べ、高市氏と同じ考えだと強調した。

この「停波」発言に対して、同月29日、テレビで活動するジャーナリストが記者会見を開き、「私たちは怒っている」と題する声明を発表した。

金平茂紀氏らがキャスター仲間に声をかけたが、集まったのは田原総一朗氏、岸井成格氏、青木理《おさむ》氏、大谷昭宏氏、鳥越俊太郎氏を入れた6人だった。しかも、この時期には、日本を代表する報道番組で権力側に対峙してきたキャスターである「報道ステーション」の古舘伊知郎氏、NHK「クローズアップ現代」の国谷《くにや》裕子氏、「NEWS23」の岸井氏の3人が3月でいっせいに降板することも決まっていた。

会見では田原氏が「偶然だと思うが、テレビ局が萎縮したと受け取られかねない。だから（高市氏の発言を）断固はね返さなければいけない」と指摘。「高市氏の発言は非常に恥ずかしい。全テレビ局の全番組が抗議すべきだが、残念なことに、多くのテレビ局の多くの番組が何も言わない」とテレビ局幹部の姿勢も批判した。

日本マスコミ文化情報労組会議は、20年2月末から4月にかけて、報道関係者を対象にした「報道の危機アンケート」を実施した。

「現在の報道現場で『報道の自由』を阻害している要因として感じているもの」を尋ねた設問で、「報道機関幹部の姿勢」と答えた人が82・7％。「政権の姿勢」の68・7％を上回った。特に放送局系の現職では、「報道機関幹部の姿勢」が9割を超えた。

アンケートでは、とりわけNHKの現場からの悲鳴が多く集まった。

〈政権をはじめ、政治家、ひいては局内で権力を持つ者に対する忖度の連鎖で、報道機関としての役割や信頼を自ら損なう振る舞いが常態化している。幹部達は現場が取材した映像や証言をお蔵入りにしてでも、政権を刺激しないことを優先。政権に不利な内容や対立する意見は必ず「バランスを取る」と称して政権側の反論を加えて放送する。政権の言い分は吟味せず垂れ流すので偽りの不偏不党であり、視聴者には見抜かれているのに改めようとしない。

「○○大臣がこう言った」「○○局長はこう言ったらしい」「だからこのままではまずい」と内容を薄めたり、表現を弱めたり、両論併記に逃げる。霞ヶ関で起きていることと瓜二つ。抵抗してもろくな説明も無しに覆される。「報道ステーション」スタッフの雇い止めもおそらくそうだと思うが、幹部達は「政権への配慮から」とは表立ってはなかなか言わない（赤裸々に言っているのが伝わるケースもあるので、本音は明らかだが）。人事と権力を嵩《かさ》に暗黙のうちに忖度させる政権式の恐怖支配が各所に連鎖・増殖している。余計なものばかりトリクルダウンしてくる。幹部達に飴《あめ》と鞭《むち》で圧力をかけてくる政権側の思惑通り、現場には政治に関わる報道や政権の課題・問題点の指摘・検証を尻込みする空気が生まれている。報道機関にとっては自殺行為。幹部達は視野狭窄で組織を守っ

ているつもりで組織を損ない、結局自らの保身にしかなっていない〉

コラム 毅然とした距離感を――安田菜津紀さん（フォトジャーナリスト）

権力にとっては人々が政治について「語らない」「考えない」、そういう空っぽの状態をつくるほうが都合がいい。私たちが空っぽにならないためには「知る」ということが大切で、その材料を提供していくのがメディアの役割だと思う。メディアが政権と一体となることで、知るための材料を的確に出せなくなってくる。やはり毅然《きぜん》とした距離感が大切だと思う。

権力はどうしても不都合なことを隠そうとする。それを切り崩していくのは決して楽な仕事ではない。時にメディアが社の枠を超えて、連帯していくことが欠かせない。

2017年にマルタでパナマ文書を追いかけていた女性記者が殺害された。非常にいたましい事件だったが、産経のコラムは「日本の記者でよかった。マルタとはどれほど恐ろしい国か」という書き出しだった。亡くなったジャーナリストを悼むでもなく、迫害に対して声を上げるでもなかった。対照的だったのはAP通信の記事。すごく大事な言葉をつかっていた。「ジャーナリズム・コリーグ（ジャーナリズムの同僚）」。迫害に対しては連帯しましょうという、その言葉自体がメッセージだったと思う。日本でも同じことが求められている。

メディアが舵取りを誤ったときに人の命を奪いかねないことがある。私の取材に関するところでは、（正当な）根拠なく戦争に突き進んでしまったイラク戦争がそうだったと思う。

日本のなかでは、政治や社会のことを発言すると嫌われてしまうんじゃないか、という空気がまだまだ強い。それでもたくさんの声が上がって、新型コロナウイルスの影響下での支援策なども、少しずつ良くなる兆しが出てきた。これからもどんどん声を届けて欲しいと思うし、私たちも声を伝えていきたい。

（2020年5月3日　Ｃｈｏｏｓｅ ＴＶ「＃コロナ時代のメディア ～自由の気風を保つために～」での発言）

第５章

共犯者たち

酷評されたアンケート

「嘆かわしい。こういう環境だから仕方がないという、お涙頂戴のアンケート報告か」

「まるで飲み屋での愚痴《ぐち》のようだ」

前章で紹介した「報道の危機アンケート」に対する評価は散々だった。ネット媒体では「新聞・TV『政府の言いなり』の何とも呆れる実態」と報じられた。

2020年2月に報道ステーションの社外スタッフ契約打ち切り問題を受けて、現場の声や課題を可視化するために、気軽に回答できるアンケートフォームを開設したものだったが、回答数が急増したのは、新型コロナウイルスの感染拡大を受けて、安倍晋三首相が「緊急事態宣言」を発出した4月7日以降だ。

- 「次から次へ発熱するスタッフが離脱し、残された者たちは疲弊する一方。『明日コロナになるかも』とフルストレスで気が狂いそうだ」（東京の放送局関連社員）
- 「マスクもなく、社が安全性を考えていない」（通信社社員）

そうした健康の「危機」を訴える回答もあるが、多くは「感染防止」を理由に進む取材の制限や自粛が報道に与える影響だ。通常の対面取材が難しくなるなか、発表頼みの報道が増えているという意見が相次いだ。

- 「テレワーク推進後、現場に入る記者が減り発表原稿が増えた。またコロナとバッシングの怖さから現場を見ていなくてもやむを得ない雰囲気がある」(ブロック紙の新聞社社員)
- 「『医療崩壊』という言葉についても、政府や自治体の長が『ギリギリ持ちこたえている』と表現すると、それをそのまま検証もせずに垂れ流してしまっている。実際の現場の声よりも、政治家の声を優先して伝えてしまっている。お上のお墨付きがないと、今がどういう状態なのか、判断できない」(全国紙の新聞社社員)
- 「大本営発表しかしていない」(放送局社員)
- 「感染が確認された事業者自身が貼り紙やサイトで公表しているのに、行政が発表しないと掲載しない。報道現場は公の発表だけを出すのではなく、独自判断をすべきだ」(新聞・通信社社員)

・「政府側から『医療崩壊と書かないでほしい』という要請が行われている」（新聞・通信社社員）

「医療崩壊と書かないでほしい」という衝撃的な回答が寄せられたのは4月中旬。日本医師会が「医療危機的状況宣言」を表明した後も、政府が「ギリギリ持ちこたえている」（菅義偉官房長官、4月2日の記者会見）、「我が国は幸い、今のところ諸外国のようないわゆる『医療崩壊』といった最悪の事態は生じていません」（安倍晋三首相、4月7日の衆議院議院運営委員会）と打ち消し続けていた後の回答だ。

「政府側」が具体的に何を指すのかは残念ながら特定できない。回答者は「医療現場から様々な悲鳴が聞こえてきているので、（医療崩壊の）報道が止まるところまではいっていない」と直接的な効力は否定していたが、「『感染防止』を理由に対面取材も難しくなっており、当局の発信に報道が流されていく恐れがある」という懸念を記していた。

政府の新型コロナ対応を取材している新聞社の記者は、「1月に国内初の感染者が見つかってから厚生労働省での記者レクが連日のように続き、担当記者も疲弊していたが、出勤が制限されるようになり、さらに効率良く情報を取ることが求められている。政府対応の問題点も指摘しているつもりだが、報道の大きな流れは発表によってつくられてしまっている」と話す。

アンケートには「自社幹部からは感染防止の知識が乏しいことに起因する、取材手法を自主規制するような指示もある」（地方紙の新聞社社員）というマネジメントの誤りを指摘する回答が寄せられた。放送局記者も「報道機関の中からも感染者が出て、自社が感染源になりたくないという気持ちが強い」と語る。

アンケートには21日に公表した後も次のような意見が寄せられている。

●「クラスター班のメンバーが厚労省の会見場で、『行動制限しなければ、国内で42万人死亡』という試算を公表したが、後になって官邸や厚労省は『政府の見解ではない』と打ち消した。昼のニュースですでに流しており、『42万人死亡』が一人歩きした。試算の公表もなぜか『記者会見』ではなく、『意見交換会』という位置づけで、責任の所在があいまいになっている」（放送局社員）
●「専門家会議のメンバーは、自分たちが立ち上げたｎｏｔｅに『体調が悪いときにすること　#うちで治そう　#４日間はうちで』と掲げていたにもかかわらず、自宅での死亡が相次ぐと、『4日間様子をみてくださいというメッセージと取られたが、いつもと違う症状が少なくとも4日続く場合は相談して欲しいということだった』と言い出した。まるで歴史修正。この人たちの発言を根拠に報道する危うさを感じる」（新聞・通信社社員）

前者は4月15日にクラスター班の西浦博・北海道大学教授が発表した内容、後者は「コロナ専門家有志の会」の4月8日付のｎｏｔｅと4月22日の専門家会議後の記者会見の内容を指していると思われる。

何が正しいかわからないなかで現場の記者は苦闘しているが、メディアを見る目は厳しい。

専修大学ジャーナリズム学科の山田健太教授は、「8割削減」などの根拠データや解析モデルも政府から示されていない状況について、「いわば『信じるしかない』状況で、私たちはこの決定に服しているということになる。行政の発表情報に疑いをもって接するのは、取材のイロハだとすれば、その基本がないがしろにされているということなのか。あるいは、読者・視聴者には知らせる必要がないほどのオープンデータなのだろうか」

（「Ｊｏｕｒｎａｌｉｓｍ」２０２０年６月号）と指摘した。

日本でファクトチェックを推進するＮＰＯ「ファクトチェック・イニシアティブ」の楊《やな》井《い》人文《ひとふみ》事務局長が５月17日、東京都が不正確な入院患者数を発表していた疑いを指摘する記事「入院患者が４割減少　東京都の病床使用率も50％以下に改善」を配信した。

この記事では、緊急事態宣言の延長が議論されていた４月下旬から５月上旬までの間、東京都の入院患者数について、東京都が４月27日に２６６８人、５月６日に２９７４人と発表していたが、実際にはそれぞれ１８３２人、１５１１人だったと指摘。東京都の発表をもとに、ＮＨＫ特設サイトが確保した病床数を上回る入院患者数がいると掲載したり、時事通信が「コロナ病床、東京、石川逼迫」（５月11日）と誤った報道が起きていることを指摘した。

報道翌日の18日、楊井氏の取材に応じた東京都の感染症対策課長は、「退院者の把握などに時間がかかった。何も発表しないよりいいだろうということで（不正確なデータを）発表していた」と話し、５月11日まで都が発表していた入院者数は実際より大きく上回り、正確でなかったことを認めた。さらに、５月18日現在の都内の重症者の病床使用率は13％にまで低下し、大幅な休業要請緩和に踏み切った大阪府（19％）を下回っていたことも明らかにした。大阪府が休業要請解除の要件の一つとして打ち出した「重症者病床使用率60%未満」という基準も、東京都は大きく下回っていたのだ。東京都は重症者病床の確保数を公表していなかったが、都感染症対策課長は楊井氏の取材に対し、「国から報告を求められていなかったため」と釈明した。

楊井氏は5月19日に配信した記事「東京都の重症者病床使用率、大阪を下回る　正確なデータを公表せず」の中でこう指摘した。

〈政府は基本的対処方針（14日改定）で、緊急事態宣言の解除の判断要素の一つに「重症者が増えた場合に十分に対応できる医療提供体制が整えられているか」を明記。「医療提供体制及び検査体制に関するわかりやすい形での情報の提供」を行うとしている。しかし、実際に医療提供体制がひっ迫しているかどうかを表す客観的な指標がいまだに公表されず、メディアの誤報を招く実態が浮き彫りとなっている〉

そこには、当局情報に踊らされ、社会に取り返しのつかない自粛を一緒になってあおってきたのではないかというメディアに対する怒りも込められていた。

こうしたコロナ禍で噴き出している現場の危機感や問題は、日本の報道機関が抱えてきた体質に根ざしている。

アンケートでは、「スクープを取るには多くの場合、情報が最も集中する政権側と伴走するのが好都合で、御用記者が後を絶たない」(放送局社員)、「経営幹部が、世の中に意義のある放送を出すことよりも、政権ににらまれないなど、リスク回避が最優先になっている」(放送局社員)など、権力との関係性を重視する体質への意見が相次いだ。

こうした組織の体質が現場に影響し、「過剰な忖度だとわかりながら面倒に巻き込まれたくないとの『事なかれ主義』が蔓延している。自分たちがジャーナリズムを担っているという自覚に薄く、とにかく無難にやり過ごすことが行動原理になってしまっている」(放送局社員)、「忖度が日常になっている」(新聞・通信社社員)、「異論が言いにくい雰囲気」(新聞・通信社記者)という状況を招いている。

「事実と人権」という軸

〈香港で起きていることは、私たちにとって決して他人事ではない。私たち日韓両国のメディア労働者は、あらゆる報道で真実を追求するジャーナリズムの本分を守り、平和と人権が尊重される社会を目指している。両国のメディア労働者が力を合わせ、東アジア地域において、言論の自由、表現の自由を守り抜いていくことをここに誓う〉

2019年11月25日、ソウル中心部の「プレスセンター」。日本マスコミ文化情報労組会議の議長を務める私と韓国のメディア関連労組「全国言論労組」のオ・ジョンフン委員長は、共同声明「東アジアの言論・表現の自由を守るため 市民の自由を弾圧する香港政府に抗議する」を発表した。

香港政府や中国政府が「基本的人権の尊重」と「民主化」を求める市民の行動を弾圧していることに抗議すると共に、香港での危機を日韓両国で起きた問題にもひきつけながら、東アジア全体の言論の自由、表現の自由を守っていくことを宣言する内容だ。

日韓両国のメディア労組の交流は1990年に始まった。戦後50年の節目となった95年5月には、新聞労連と言論労連（言論労組の前身）の共催で、「日韓ジャーナリスト・シンポジウム」を開催。2005年までほぼ隔年で相互交流し、「日本の歴史教科書問題」（01年）、「日韓和解に向けた両国の報道関係者の役割」（05年）などをテーマに共同シンポジウムを行ってきた。しかし、その後は2013年に1度、シンポジウムを開いただけで交流が途絶えていた。

交流が再開へと大きく動き出したのは19年9月。日本政府が踏み切った韓国に対する半導体素材の輸出規制をきっかけに、日韓の政治対立が激しくなり、テレビの情報番組なども、韓国の問題点ばかり取り上げたり、ナショナリズムを煽ったりする報道が連日のように続いている時期だった。

言論労組から同月16日、「韓日葛藤報道に対する両国の言論労組間協力要請」という申し入れが新聞労連に寄せられた。新聞労連が同月6日に出した声明「『嫌韓』あおり報道はやめよう」を言論労組の組合員で日本に留学中のイ・サンヒョンさん（連合ニュース）が見つけ、先輩のオ委員長に連絡したことがきっかけだった。

歴史認識については日本のメディア労組内にも様々な意見がある。どのような連携のメッセージを出せるだろうかと不安もあったが、言論労組が1カ月前に出した声明をみて、「これならいける」と思った。

〈もっぱら事実に基づいて真実を追求するジャーナリズムの本分、普遍的な人類愛や人権の価値を中心に置いて、これに対する反省と批判をし、事態の本質や解決策を模索し

なければならない。普遍的に追求すべき人類愛の価値と、理性の根拠を中心にこつこつと調べる報道をすべきだ〉

日韓両国のメディアに対して呼びかける内容で、「国益」という権力側の主張に対抗する「事実」と「普遍的人権」という共通の理念が浮かび上がるものだった。メールでのやりとりを重ね、日本マスコミ文化情報労組会議の定期総会とソウルでの言論労組の集会が行われる同月28日に合わせて、日韓両国のメディア労働者共同宣言「事実に基づいた報道で、国境を越えて平和と人権が尊重される社会を目指そう」を発表した。

〈歴史問題に端を発した日韓両国の政治対立が、さまざまな分野での交流を引き裂き、両国の距離を遠ざけている。

歴史の事実に目を背ける者に、未来は語れない。

過去の反省なしには、未来を論じることはできない。

排外的な言説や偏狭なナショナリズムが幅をきかせ、市民のかけがえのない人権や、平和、友好関係が踏みにじられることがあってはならない。いまこそ、こつこつと積み上げた事実を正しく、自由に報道していくという私たちメディア労働者の本分が問われている。今日、日本の「マスコミ文化情報労組会議」と韓国の「全国言論労働組合」に集うメディア労働者たちは、平和と人権を守り、民主主義を支えるメディアの本来の責務をもう一度自覚して、次のように宣言する。

一、我々は今後、あらゆる報道で事実を追求するジャーナリズムの本分を守り、平和と人権が尊重される社会を目指す。

一、平和や人権が踏みにじられた過去の過ちを繰り返すことがないよう、ナショナリズムを助長する報道には加担しない〉

申し入れからわずか12日。オ委員長と私のビデオメッセージも交換し、日韓双方の会場で流された。

「公正報道」を求めストライキ

２０１９年10月に東京でオ委員長らと初めて会談し、11月に相互訪問を行うことで合意した。

11月8日にはオ委員長ら言論労組のメンバーが来日。両国のメディアや表現の自由を取り巻く状況について報告し、意見交換を行った。
言論労組は、李明博《イミョンバク》・朴槿恵《パククネ》両政権下で公営放送を中心に人事や報道内容への介入が行われ、ストライキで対抗した記者などに対して、約３００人もの記者が解雇を含む懲戒処分の対象になった言論弾圧との闘いを紹介した。

政権から送り込まれた経営側が法外な損害賠償請求を組合側に起こし、検察も業務妨害罪で起訴するという、政権・経営・検察の三者が一体となった弾圧に対し、言論労組は「公正放送は言論労働者の重要な労働条件だ」と主張。これが判決で認められ、のちの経営刷新にもつなげていったという。

自分たちの待遇ではなく、「公正な報道」を守るためにストライキを行い、闘い抜く韓国の労働組合の姿はとても新鮮だった。言論労組の報告者は、組合勝利の原動力について、「組合員の団結」「公正放送は勤労条件と認めた裁判所の判断」「市民の支持と連帯」の三つを挙げた。とりわけ印象的だったのは、朴槿恵政権が退陣に追い込まれた「キャンドル革命」のなかで、市民から「メディアの改革」を求める声が上がり、そうした市民と連帯して、運動を進めたという点だ。

意見交換会後の「表現の自由を取り戻す文部科学省前行動」にも参加。マイクを握ったオ委員長は「言論の独立性を脅かす政治勢力があることを皆さんの友人として嘆きます」と語りかけ、李・朴両政権下で起きた事例を紹介した。

韓国では2014年の釜山国際映画祭で「セウォル号」沈没事故での政府の対応を告発したドキュメンタリー映画「ダイビング・ベル」について、中止要請を振り切って上映した映画祭の執行委員長を釜山市長が事実上更迭することがあった。また、韓国映画振興委員会は政権の指示を受け、政権に批判的な文化関係者や団体の「ブラックリスト」を作成していたという。

オ委員長は任期中に罷免《ひめん》された朴前大統領を引き合いに出して「表現の自由と言論の独立性を侵害した政権は長く続かない」と指摘。「日本の報道関係者と連帯して東アジアの言論の自由のために闘う。韓国と日本は政治的な対立はあるが、普遍的な人類愛と人権のため、ともに努力していきたい」とあいさつし、「あなたのための行進曲」を言論労組のメンバーと合唱した。1980年に市民と軍事政権が衝突した光州事件の犠牲者を悼む歌で、今も市民集会やデモでよく歌われている韓国の市民運動のテーマソングだった。

11月24、25日には、日本のメンバーがソウルを訪問。「女性人権と言論労働者の役割」

文部科学省前で「あなたのための行進曲」を歌う全国言論労組のメンバー＝2019年11月８日、東京・霞が関

と「マスコミの信頼度回復のための言論労働者の役割」の二つのテーマで議論する「日韓言論労働者シンポジウム」を開いた。

日本側の参加者が驚いたのは、韓国メディアのジェンダー平等に向けた取り組み方だ。差別・セクハラ・性暴力問題に対処し、ジェンダー平等な組織文化にしていくことを目的にした「ジェンダー平等センター」や、編集局長直属で記事の見出しや内容、取材方法などにジェンダー的な問題がある場合に指摘したり、性暴力を含めたジェンダー問題に対応したりする「ジェンダーデスク」が設置されていた。

「ハンギョレ新聞」で初代のジェンダーデスクを務めているイム・ジソンさんは就任後、

「今度の人事では女性管理職を50％以上に」と編集局長に提案したという。「以前はあまりに刺激的な問題提起はできなかったが、今は業務の一環としてできるようになった」と振り返り、最終的に局長から「30％でどう？」と前進回答を引き出した。

「なぜそのような改革が実現したのですか」

日本のテレビ局のメンバーから質問が出た。イムさんは「ハンギョレ新聞は社長を選挙で選ぶ民主的な組織。ジェンダーデスクも関心ある記者たちが提言し、公約に掲げた編集局長が実現した」と話した。コーディネーターを務めた韓国女性民友会共同代表のガン・ヒェランさんは「社長をはじめとする意思決定構造でのジェンダー問題に関する関心がこのような変化を可能にした」と指摘した。

逆に韓国の記者たちからは「セクハラ問題などで日本のメディアは沈黙しがちだと言うが、なぜ記者たちは抗議声明を出すなど連帯して抵抗しないのか」という疑問をぶつけられた。

2日間の交流では、日韓のメディアや市民・労働運動における「女性の人権問題」に対する取り組みの厚みに差があることを痛感した。

メディア不信を直視

年が明けて２０２０年1月11日。ＮＰＯ「ファクトチェック・イニシアティブ」が主催し早稲田大学で開かれたセミナーに、言論労組の首席副委員長のソン・ヒョンジュン氏（ＫＢＳ出身）を招いた。韓国で進むファクトチェックの取り組みを紹介するなかで、ソン氏は「韓国では『ファクトチェックジャーナリズムは最小限である』」というタイトルを示しながらこう語った。

「念頭においてほしいのは、14年のセウォル沈没事件の時に韓国メディアは大量の誤報を出した。その時に既成メディアへの信頼度が大きく落ちて、『記者＋ゴミ』という意味の造語の『キレギ』という言葉が広まった。そうしたメディアに対する国民の批判が厳しくなるなか、国民から信頼を得るための努力としてファクトチェックが始まった。このタイトルはメディアユーザーへの信頼回復のためのスタートであるということを言いたいものです」

韓国では、17年3月にソウル大学にファクトチェックセンターが設立され、現在保守系からリベラル系まで27の報道機関が参加して、政治家の発言やネットで広がる情報などの真偽を検証している。日本でいえば朝日新聞から産経新聞、NHKまで多様なメディアが参加するプラットフォームになっており、日本の大きく先を行っている。さらに、言論労組がそうした取り組みを強化するため、テレビ局との団体交渉のなかで、地上波3局共同のファクトチェックセンターの設置まで提案し、交渉を行っているほどだ。

ソン首席副委員長はセミナーでの報告の締めくくりにこう語った。

「韓国のメディアへの民度はかなり高くなっている。記者がどのような根拠で記事を書くのかについて、国民に対して公開しないといけない。現場の記者は『記者の意見を代弁すべき組合の副委員長が負担をかけるようなことを言うのか』と私を嫌うかもしれない。しかし、信頼を得るためにはそうやっていかないといけない」

韓国では、朴槿恵政権の退陣以降、「報道の自由度」ランキングは上昇しているが、国民の「メディア信頼度」に関する国際調査では、2017〜19年と3年連続で34カ国中最下位に落ち込んでいるという。9年間続いた言論弾圧のなかで、メディア内部で政治権力と通じた、いわゆる「共犯者」が暗躍。報道がゆがめられたことが明るみに出て、後遺症に苦しんでいると推察される。

しかし、その状況を乗り越えようと、言論労組のメンバーが現場から誠実に向き合っている姿勢は印象的だった。そして、言論弾圧より遅れて現れた韓国でのメディア信頼度の低下は、安倍政権が終わった後に日本のメディアが直面する危機とも感じた。

一連の日韓交流では、ドキュメンタリー映画「共犯者たち」の監督で、韓国の公営放送MBCのチェ・スンホ社長とも面会した（19年11月25日）。チェ社長はMBCの調査報道番組のプロデューサーだったが、保守政権下の弾圧で解雇され、独立メディア「ニュース打破」開設に参加。「公正な報道」を求める言論労組の闘いの末、17年12月にMBC社長に選任された。社長として現場に「スクープではなく事実をしっかり伝えてほしい」と繰り返しているという。

日本からの訪問団のなかには新聞社への就職が内定している大学生5人も参加していたので、チェ社長はこう語りかけた。

「いまの社長職が終わりましたら、ジャーナリストに戻りたいと思っています。きょう参加している大学生に話したいことは、基本を守り、真実を伝えなければならないということ。スクープだけを目指してファクトチェックもせずに自分も疑問に思う内容を記事化してはならない。その瞬間は拍手をもらうかもしれないが、自分に恥ずかしくない人物になることを伝えたい。真実を込めた記事を書くよう努力してほしい」

連帯の必要性

ストライキまでして「公正な報道」を求める韓国のメディア労働者の姿は鮮烈だった。チェ・スンホ社長は、闘い続けることができた理由について、「労働組合があったからです」と話した。

ひるがえって、日本はどうだろうか。

韓国のように報道内容をめぐって連帯してストライキを起こして闘うこともなければ、「日本マスコミ文化情報労組会議」というメディア労組の枠組みにNHKの労組が入っていない。また、組織メディアとフリーランスの溝も大きい。フリーランスの取材機会が奪われている問題に対して、「記者クラブ」という既得権を持つ組織メディアは鈍感だ。ジャーナリスト同士の連帯がなく、相互不信で「メディア不信」の言説が飛び交う状況を権力側につかれている。

2016年2月、高市早苗総務相の「停波」発言に抗議する記者会見で、「なぜ日本のメディアは萎縮しているのか」と問われたNEWS23のキャスターだった岸井成格氏(元・毎日新聞記者)は「萎縮しているとの見方があるが、どう考えるか難しい。一斉に高市発言に反発できないのは、〈会社同士で〉ライバル意識が強く、連携の発想がなかなか無い。これまで連携しなきゃいけない危機的状況は幸いなかったが、今連続して起き始めた。それへの対応は現在進行形です」と語った。

この年、国連の特別報告者であるデービッド・ケイ氏が、日本のメディア状況を調査した。日本のメディア関係者が、逮捕や殺傷されるという直接的な攻撃がなされていないのに「忖度」「萎縮」と語る状況についてケイ氏は当初理解できない様子だった、と調査にたちあったメンバーは振り返る。

ケイ氏は17年6月、国連人権理事会に行った日本の表現の自由に関する報告で、「日本の報道機関は連帯がないように見える」と指摘し、こう分析した。

〈ジャーナリストは、大手報道機関に雇用され、定年まで、あるいは長年同じ会社で勤務する傾向がある。そのため、会社へ忠誠心を向ける。記者という立場から記者職ではない職務へと異動することもある。労働組合は企業別でしかない。この形態は日本では典型的かもしれないが、報道機関を転々とし会社への忠誠心ではなく、ジャーナリスト同士の強い連帯がある諸外国のジャーナリスト集団には類をみない。このように、日本における報道関係者の雇用構造こそが政府からの圧力に耐える力に影響し、ジャーナリスト間で企業を超えた連帯を作れるかどうかにかかわってくる〉

19年3月14日、「政治部に戻りにくくなるぞ」と警告を受けながらも、菅義偉官房長官の記者会見の質問妨害問題をめぐって、メディア関連労組として初めてとなる首相官邸前抗議行動に踏み切ったのも、ケイ氏の指摘が強く念頭にあった。

質問制限を受けている東京新聞社会部の望月衣塑子記者が所属する中日新聞労働組合は、新聞労連や日本マスコミ文化情報労組会議の枠組みに入っていない。それでも社内で別の労組を率いる宇佐見昭彦・東京新聞労組委員長（新聞労連中央執行委員）が「すべての報道機関と、その先の読者・視聴者、市民の知る権利への挑戦であり、こういう事態に報道各社が一致団結して対抗できないというメディアの分断が厳しく問われている」と後押ししてくれた。既存の組織を超えて連帯を広げるアクションであり、政治部中心の官邸記者会見で社会部記者が受けている理不尽な制限を一緒になって克服していくことで、フリーランスなどより幅広いジャーナリストの連帯にもつなげていけるという思いがあった。

そうしたなか、宇佐見委員長をはじめ全国から集まった7人の記者がマイクを握って現状の危機を訴え、さらに8人の記者が実名でメッセージを寄せた。

2016年にケイ氏と面会した新崎盛吾・元新聞労連委員長（共同通信記者）は、「やはりそういう形でジャーナリストの労働組合として問題があれば発言し、連帯を呼びかける。これがジャーナリストの連帯につながっていくと信じています」。広島から駆けつけた中国新聞の石川昌義記者はこう訴えた。

「今回起きている問題の根っこにあるのは、記者の連帯を分断しようとしていることです。本当は、記者クラブは束になって情報を出す、しっかり動いていかないといけないのを、特定の記者を名指ししたりして、『この記者はいい記者だ』『この記者はいけない記者だ』ということは許しちゃいけない。こうやって記者の連帯を分断した先に何があるのか。お互い疑心暗鬼になって、監視して、会社の中で、外で、物を言わなくなる。そういうことを一番恐れている。そうした果てに戦前、戦中の暗い歴史があった。こういう暗い歴史を繰り返しちゃいけない」

この官邸前集会には、記者の質問制限という地味なテーマにもかかわらず、約600人が集まった。それを受けて、ケイ氏も19年6月の国連への報告書で「市民とメディア労組の連帯を歓迎する」と書いた。しかし、ケイ氏は記者クラブ問題など、日本のメディア側の改善が進んでいないことも強く指摘した。これを無視してはならない。

日本版ニュース打破

デジタル革命が進み、既存メディアや記者クラブは発信機能を独占できなくなった。首相官邸など権力側は、既存メディア不信を時に利用しながら、SNSや多様なメディアなどを活用して市民に直接情報を届けている。「メディアと権力」「メディアと市民」「権力と市民」の関係性は大きく変わり、既存メディアは殻を破って、自らの仕事を規定し直す必要がある。

2019年6月に官邸記者会見問題をテーマにして開いた新聞労連のシンポジウムでは、評論家の荻上チキ氏が「他のメディアや専門家と連携することで、メディアの機能は拡張する」と力説した。

荻上氏は、公権力に共同で立ち向かっていくための組織としての記者クラブには一定の理解を示したうえで、記者会見や国会で各社が同じメモを作るのは効率的でないと指摘。さらに、公権力が保管・公開する会見や議事録についても消去や回収の可能性を危惧し、「記者会見のメモは共有財産」とメディアや在野が共同して記録する重要性を説いた。

そのうえで、将来のメディアのあり方について、四つの機能①リアルタイムでの情報伝達②在野から検討できるよう記録③研究できるよう動画をテキスト化④グラフ化や特集——を提案。読者が検証可能なデータベースがあってこそ、報道に信頼性が出てくると語った。

「官邸記者クラブも、仲良くして情報をとってきた。そういう機能だと説明できていた。しかし、それ以外の機能を説明せず、ブラックボックス化しているものを、国民にオープンにするべき。プロセスもオープンにする機能が記者に求められている。私はニュースサイトの編集長をしていた。さまざまな個別のサイトをしていた中で、小さなメディアでも情報開示できる。だから、ブランド力のある大手メディアができないことはない。しかし、組織の論理が邪魔をしている。社会的意義のある機能は何かを考え、他のメディア、ウェブ活用の土地勘、専門家との連携をすることで新聞社の機能を拡張できるのではないかと確信している」

日本でも、会社の枠を超えて、メディアの報道を変えようというプロジェクトが動き出した。

テレビの報道番組から記者の視点や社会の見方を伝える「特集」の枠が無くなっていくことに危機感を覚えたテレビの報道番組や映画、ドキュメンタリーを制作している有志で始めた映像プロジェクト「Choose Life Project」だ。

〈「誰が、こんな世の中にしてしまったの?」と嘆く前に、まず〝私〟がその責任を取る。その為の一票に。「Choose Life Project」は各界から、投票への呼びかけメッセージを集めました〉

そうしたメッセージを添えて、2016年の参院選から有識者・文化人などのメッセージや、国会審議の論点をまとめた映像などを配信していたが、一気に注目を集めたのは、20年5月の検察庁法改正をめぐる攻防の時だ。

5月8日夜に始まった「#検察庁法改正に抗議します」のツイッターデモの広がりにいち早く反応し、10日から連日、与野党の党首級の政治家や法曹関係者、文化人を集めた生配信番組をYouTubeで展開。そこでの議論が、NHKも含めたテレビや新聞に紹介される形で広まった。ボランティアのメンバーだが、連日、本業の合間に深夜まで打ち合わせを行い、検察庁法改正案の強行採決阻止の原動力となった。

中心メンバーの一人は、番組のなかでこう語った。

「私も含めて、報道現場で取材に出ていたメンバーで立ち上げたプロジェクトですが、いま我々メディア、伝える側も問われていると強く思っています。試行錯誤しながらやっていますが、いま何を伝えないといけないか、マスメディアが伝えないことでも、やっぱりしっかり伝えないといけない」

ＹｏｕＴｕｂｅのコメント欄やＳＮＳ上には「なぜ、地上波のテレビもやらないのか」というコメントが次々と書き込まれた。

私はこのプロジェクトを、韓国で李明博政権を批判するテレビ番組を制作して解雇されたチェ・スンホ氏らプロデューサーや記者が立ち上げたニュースサイト「ニュース打破」の日本版と呼んでいる。ニュース打破は、韓国の全国言論労組が立ち上げを支えた。日本では、市民に伝えるべき情報が届けられていない状況に心が折れて、既存メディアを離れるメンバーが出ている。そのメンバーの救命ボートとなり、既存メディアも含めたメディア全体の変革を促し、市民との新しい関係を築いていく起爆剤が必要だと思う。

散弾銃で２人の記者が殺傷された朝日新聞阪神支局襲撃事件から33年目となる２０２０

年5月3日。

新型コロナウイルスの感染拡大の影響で、朝日新聞労組が主催してきた毎年恒例のシンポジウムを開くことができなかったが、そのかわりに「Choose Life Project」のメンバーと新聞・テレビの現役記者などを集めたオンライン番組「コロナ時代のメディア〜自由の気風を保つために〜」を配信した。

朝日新聞の襲撃事件取材班の誓いの言葉は「明日も喋ろう」だった。5月3日は国際報道自由デーでもある。出演した新聞・テレビの現役記者たちは、権力からの圧力をしっかりメディアが自分たちで押し返していくことの必要性を訴えた。

元報道ステーションのプロデューサーである松原文枝さんは、「記者会見は記者の質問をとことん聞く場所で、記者も自覚してルールをつくっていかないと、ただの政府広報の場になってしまう」と指摘。さらに新型コロナの影で進んでいる問題にも触れ、「権力は常にニュースにしなくなる時期を選んで、スルッと大事なことをやる。だからこそ、私たちは報じないといけないし、メディアが問われている」と語った。

番組では、フォトジャーナリストの安田菜津紀さんが、15年1月にワシントンで開かれたジャーナリスト会議において、アメリカのケリー元国務長官が残した言葉を紹介した。

「ジャーナリストはリスクをゼロにすることはできない。ゼロにする唯一の方法は沈黙することだ。そしてその沈黙は、独裁者を利するだろう」

平成の30年あまりの政治・行政改革を通じて、首相官邸への政治権力の一極集中を完成させた安倍政権は、デジタル革命というメディア環境の変化とあいまって、日本のメディアに試練を与えている。しかし、そこで突きつけられているものは、安倍政権が終わったからといっても解決されることはない。とりわけ、コロナ危機は日本の報道機関の従来型の手法や体質の限界を映し出している。

前著『報道事変』で「日本のメディアが変われるのか、それとも沈んでいくのか。その可能性は半々だと思う。でも、前者の可能性を信じている」と書いた。残された時間は刻々と少なくなっている。第2次世界大戦の敗戦時と同じように、刷新が必要なのかもしれない。今こそ、フリーランスや専門家、市民と幅広く連携し、メディアの内部から声を上げて大きな転換を図っていかなければならない。

おわりに

「お一人1問でお願いします」

2020年6月12日。再選を目指して立候補を表明した記者会見で、小池百合子・東京都知事は、「もう一点お願いします」と訴えるフリーランスの畠山理仁氏の訴えを退けた。

畠山氏が質問で求めていたのは、「カイロ大学卒業」という小池氏の学歴を証明する卒業証書や卒業証明書の原本提示。ノンフィクション作家の石井妙子さんが執筆した『女帝 小池百合子』のなかで学歴疑惑が指摘されていることを踏まえた質問だったが、小池氏は「かつて公表している」などと答えるだけ。それまでは同じ記者から何問か受け付けていたが、突如ルールを変更した。小池氏がカイロ大学の卒業証書と卒業証明書を公開したのは3日後だった。

何か不都合でもあるのだろうか。質問を避け、押し切ろうとするのは、安倍政権に特有のものではない。かつては「はぐらかした」と会見者を記事で批判していれば済んだ。記者会見が可視化されるいま、それぞれの記者が本気で情報開示を求めているのか、権力者と市民のどちらを向いて振る舞っているのか、についても市民から凝視されている。

〈報道機関を支えているのは、権力者ではなく、市民であることを忘れてはなりません。市民の信頼なくしては存立することはできません〉

20年5月26日に新聞労連が出した声明「『賭け麻雀』を繰り返さないために」の一節だ。新型コロナウイルスの感染拡大をうけた緊急事態宣言下、産経新聞の記者2人と朝日新聞の管理職社員（元記者）が、黒川弘務・東京高検検事長（当時）と賭博罪に抵触する行為を重ねていたことが発覚した。個別の不祥事に対する労連声明は異例だったが、この事件は、黒川氏の異例の定年延長問題を愚直に追及してきた新聞記者たちの信頼をも揺るがしていたからだ。

公権力の取材において、圧倒的な情報量を持つ取材先から情報を引き出すために、記者は清濁《せいだく》併せ呑む取材を重ねてきた。特に、政権幹部や捜査当局を担当する記者は、ごく少数の関係者が握る情報を引き出すために、夜討ち・朝駆け、懇談などのオフレコ取材で「取材先に食い込む」努力を続けている。公式な説明責任に消極的な日本の公権力・公人の動きを探り、社会に明らかにしていくうえで有用とされ、そうしたことをできる記者が報道機関内で評価されてきた。私も2002年の朝日新聞社の入社以来、そうした環境のなかで長時間労働にも耐え、もがいてきた。

しかし、ゆがんだ働き方が、ジャーナリズムや報道のゆがみを生じさせ、「信頼」というメディアの最も大切な基盤をむしばんでいる。「賭け麻雀」はそうしたゆがみの象徴であり、セクシュアルハラスメントの泣き寝入りや形骸化した記者会見と同様に、日本メディアの取材慣行・体質に根ざした問題だ。

2年前の夏、突然、新聞労連委員長の打診を受けた私は、政治部出身の先輩から「セクハラ問題の対応に追われるだけで終わってしまうのではないか」とささやかれたが、ある意味でその予言通りだったと思う。この2年間の新聞労連での取り組みは、そうした構造との闘いだった。

今回、朝日新聞出版の編集者、松尾信吾さんに課せられたタイトルとお題は、私にとって強烈だった。

「政治部不信」

東京・大阪で10年あまり政治記者を務めてきた私にとって「政治部」は、学び、育てられ、鍛えられた愛着のある場所だ。悩みに悩んだ。それでも、事象としての「政治部不信」に向き合うよう強く求められた。政治部に限ったことではない。新聞労連委員長として直面してきた日本メディアの構造的な問題がそこにあった。

迷っていた時、政治記者の大先輩から言われたことを思い起こした。

「君、大丈夫なのか。〝まともな政治記者〟として出世できなくなるよ。変えるためには権力を取らないといけないんだから」

心配はうれしかったが、「まともな政治記者」という言葉で迷いが断ち切れた。

「ありがとうございます。でも、環境が変わるなか、仮に自分は従来型のスタイルで生き延びたとしても、次の世代にいまの状況を引き継ぐことはできない。変わっていく必要性を刻みこむ必要があると思うんです」

2年間の新聞労連委員長の任期を終えて、9月に政治部の取材現場に戻る。

この2年間、志を持ってメディアの現場で働く多くの仲間に支えられてきた。人材はいる。いま寄せられている「不信」に正面から向き合えば、次の一歩を踏み出せると信じている。

2020年6月23日

新聞労連委員長　南　彰

南　彰　みなみ・あきら
1979年生まれ。2002年に朝日新聞社に入社し、08年から東京政治部、大阪社会部で政治取材を担当。18年秋より新聞労連に出向し、中央執行委員長を務める。新聞、民放、出版などのメディア関連労組でつくる「日本マスコミ文化情報労組会議（通称MIC）」の議長も兼務している。著書に『報道事変　なぜこの国では自由に質問できなくなったか』（朝日新書）、共著に『権力の「背信」「森友・加計学園問題」スクープの現場』（朝日新聞出版）、『ルポ　橋下徹』（朝日新書）、『安倍政治　100のファクトチェック』（集英社新書）など。

朝日新書
775

政治部不信《せいじぶふしん》

権力とメディアの関係を問い直す

2020年 7 月30日 第 1 刷発行

著　者　南　彰

発行者　三宮博信

カバーデザイン　アンスガー・フォルマー　田嶋佳子

印刷所　凸版印刷株式会社

発行所　朝日新聞出版
〒104-8011　東京都中央区築地 5-3-2
電話　03-5541-8832（編集）
　　　03-5540-7793（販売）

Published in Japan by Asahi Shimbun Publications Inc.
ISBN 978-4-02-295077-2
定価はカバーに表示してあります。
落丁・乱丁の場合は弊社業務部(電話03-5540-7800)へご連絡ください。
送料弊社負担にてお取り替えいたします。

朝日新書

閉ざされた扉をこじ開ける
排除と貧困に抗うソーシャルアクション

稲葉　剛

25年にわたり、3000人以上のホームレスの生活保護申請に立ち合うなど貧困問題に取り組む著者は、住宅確保ができずに路上生活から死に至る例を数限りなく見てきた。支援・相談の現場経験から、2020以後の不寛容社会・日本に警鐘を鳴らす。

患者になった名医たちの選択

塚﨑朝子

がん、脳卒中からアルコール依存症まで、重い病気にかかった名医たちが選んだ「病気との向き合い方」。名医たちの闘病法に必ず読者が「これだ！」と思う療養のヒントがある。帚木蓬生氏（精神科）や『「空腹」こそ最強のクスリ』の青木厚氏も登場。

50代から心を整える技術
自衛隊メンタル教官が教える

下園壮太

老後の最大の資産は「お金」より「メンタル」。気力、体力、脳力が衰えるなか、「定年」によって社会での役割も減少します。「柔軟な心」で環境の変化と自身の老化と向き合い、新たな生き方を見つける方法を実践的にやさしく教えます。

江戸とアバター
私たちの内なるダイバーシティ

池上英子
田中優子

武士も町人も一緒になって遊んでいた江戸文化。それはダイバーシティ（多様性）そのもので、一人が何役も「アバター」を演じる落語にその姿を見る。今アメリカで議論される「パブリック圏」をひいて、日本人が本来持つしなやかな生き方をさぐる。

不安定化する世界
何が終わり、何が変わったのか

藤原帰一

核廃絶の道が遠ざかり「新冷戦」の兆しに包まれた不穏な世界。民主主義と資本主義の矛盾が噴出する国際情勢をどう読み解けばいいのか。米中貿易摩擦、香港問題、中台関係、IS拡散、反・移民難民、ポピュリズムの世界的潮流などを分析。

モチベーション下げマンとの戦い方

西野一輝

細かいミスを執拗に指摘してくる人、嫉妬で無駄に攻撃してくる人、意欲が低い人……。こんな「モチベーション下げマン」が紛れ込んでいるだけで、情熱は大きく削がれてしまう。再びやる気を取り戻し、最後まで目的を達成させる方法を伝授。

朝日新書

京都まみれ

井上章一

少なからぬ京都の人は東京を見下している？　東京への出張は「東下り」と言うらしい？　古都をめぐる毀誉褒貶は令和もやまない。外国人観光客を引きつけて日本のイメージを振りまく千年の誇らしげな洛中京都人に、『京都ぎらい』に続いて、もう一太刀、あびせておかねば。

タコの知性
その感覚と思考

池田　譲

地球上で最も賢い生物の一種である「タコ」。大きな脳と8本の腕の「触覚」を通して、さまざまな知的能力を駆使するタコの「知性」に迫る。最新研究で明らかになった、自己認知能力、コミュニケーション力、感情・愛情表現などといった知られざる一面も紹介！

老活の愉しみ
心と身体を100歳まで活躍させる

帚木蓬生

終活より老活を！　眠るために生きている人になるな、精神的不調は身を忙しくして治す……小説家で医師である著者が、長年の高齢者診療や還暦での白血病の経験を踏まえて実践している「食事」「習慣」「考え方」。誰一人置き去りにしない、快活な年の重ね方を提案。

朝日新書

負けてたまるか！　日本人
私たちは歴史から何を学ぶか

丹羽宇一郎
保阪正康

「これでは企業も国家も滅びる！」。新型ウイルスの災厄に見舞われた世界情勢の中、日本の行方と日本人の生き方もまた、かつてなく混迷と不安の度を深めている。今こそ、確かな指針が必要だ。ともに傘寿を迎えた両者が、待望の初顔合わせで熱論を展開。

SDGs投資
資産運用しながら社会貢献

渋澤　健

SDGs（持続可能な開発目標）の達成期限まで10年。渋沢栄一『論語と算盤』の衣鉢を継ぎ、楽しくなければ投資じゃない！　をモットーに、投資を通じて世界の共通善＝SDGsに貢献する方法を詳説。着実に運用益を上げるサステナブルな長期投資を直伝。

テクノロジーの未来が腹落ちする25のヒント

朝日新聞
「シンギュラリティー
にっぽん」取材班

AI（人工知能）が人間の脳を凌駕する「シンギュラリティー」の時代が遅からず到来する？　医療、金融、教育、政治、治安から結婚までさまざまな分野で進む技術革新。その最前線を朝日新聞記者が国内外で取材。人類の未来はユートピアかディストピアか。

「郵便局」が破綻する

荻原博子

新型コロナ経済危機で「郵便局」が潰れる。ゆうちょ銀行の株安は兆単位の巨額減損を生み、復興財源や株式市場を吹っ飛ばしかねない。「かんぽ」に続き「ゆうちょ」でも投資信託など不正販売が問題化。郵便を支えるビジネスモデルの破綻を徹底取材。

人類対新型ウイルス
私たちはこうしてコロナに勝つ

トム・クイン
塚﨑朝子　補遺
山田美明　荒川邦子　訳

新型コロナウイルスのパンデミックは一体どうなる？　ウイルスによる過去最悪のパンデミック、1世紀前のスペイン風邪は死者5000万人以上とも。人類対新型ウイルスとの数千年の闘争史を活写し、人類の危機に警鐘を鳴らした予言の書がいま蘇る。

朝日新書

翻訳の授業
東京大学最終講義

山本史郎

めくるめく上質。村上春樹『ノルウェイの森』、芥川龍之介『羅生門』、シェイクスピア「ハムレット」、トールキン「ホビット」……。翻訳の世界を旅しよう！　AIにはまねできない、深い深い思索の冒険。山本史郎（東京大学名誉教授）翻訳研究40年の集大成。

関ヶ原大乱、本当の勝者

日本史史料研究会／監修
白峰　旬／編著

家康の小山評定、小早川秀秋への問鉄砲、三成と吉継の友情物語など、関ヶ原合戦にはよく知られたエピソードが多い。本書は一次史料を駆使して検証し、従来の〝関ヶ原〟史観を根底から覆す。東西両軍の主要武将を網羅した初の列伝。

なぜかワクワクする片づけの新常識
シニアのための

古堅純子

おうちにいる時間をもっと快適に！　シニアの方の片づけには、この先どう生きたいのか、どう暮らしたいのか、限りある日々を輝いてすごすための「夢と希望」が何より大切。予約のとれないお片づけのプロが、いきいき健康に暮らせるための片づけを伝授！

コロナが加速する格差消費
分断される階層の真実

三浦　展

大ベストセラー『下流社会』から15年。格差はますます広がり、「上」と「下」への二極化が目立つ。コロナはさらにその傾向を加速させる。バブル・氷河期・平成3世代の消費動向から格差の実態を分析し、「コロナ後」の消費も予測する。

清須会議
秀吉天下取りのスイッチはいつ入ったのか？

渡邊大門

信長亡き後、光秀との戦いに勝利した秀吉がすぐさま天下人の座についたわけではなかった。秀吉はいかにして、織田家の後継者たる信雄、信孝を退け、勝家、家康を凌駕したのか。「清須会議」というターニングポイントを軸に、天下取りまでの道のりを検証する。

パンデミックを生き抜く
中世ペストに学ぶ新型コロナ対策

濱田篤郎

3密回避、隔離で新型コロナのパンデミックを乗り越えようとするのは、実は14世紀ペスト大流行の時と同じ。渡航医学の第一人者が「医学考古学」という観点から不安にならずに今を乗り切る知恵をまとめた。コロナ流行だけでなく今後の感染症流行対処法も紹介。

中流崩壊

橋本健二

経済格差が拡大し「総中流社会」は完全に崩壊した。そして今、中流が下流へ滑落するリスクが急速に高まっている。コロナ禍により中流内部の分断も加速している。『新・日本の階級社会』著者がさまざまなデータを駆使し、現代日本の断層をつぶさに捉える。

政治部不信
権力とメディアの関係を問い直す

南　彰

「政治部」は、聞くべきことを聞いているのか。斬り込む質問もなく、会見時間や質問数が制限されようと、オフレコ取材と称して政治家と「メシ」を共にする姿に多くの批判が集まる。政治取材の現場を知る筆者が、旧態依然としたメディアの体質に警鐘を鳴らす。